KB236391

국제물류주선업 세무와 회계

이 영 원

[코페하우스]

머리글

이 책은 저자가 10여 년간 국제물류주선업체를 자문한 내용과 한국재정경제연구소에서 "복합운송주선업 세무회계과정"을 강의한 교재 등의 경험을 바탕으로 관련업체 실무자에게 국제물류주선업의 특징과 세무와 회계처리에 대하여 이해하기 쉽게 그 특징과 참고사항, 세무와 회계처리 사례, 그리고 관련 예규 등을 정리하여 저술하였다.

국제물류주선업은 송하인으로부터 화물을 인수하여 수하인에게 인도할 때까지 화물을 집하·입고·선적·운송·창고·보관·배달 등의 업무처리 과정에서 각각의 사업자가 관련되어 국제물류주선업의 세무와 회계는 제조업이나 도소매업, 일반서비스업과 달리 영세율의 적용 여부, 세금계산서의 발행, 부가가치세, 회계처리, 결산 등 세무와 회계처리에서 무역과 주선업 등 일련의 과정을 이해하고 실무처리를 해야 한다.

이에 다음과 같은 내용으로 국제물류주선업 세무와 회계에 대하여 저술하였다.

첫째, 국제물류운송주선업에 대하여 그 개념과 업무의 구분에 대하여 해설하였다.

둘째, 국제물류주선업과 영세율에 대하여 그 근거와 적용대상거래, 대가의 구분에 따른 국제물류주선업자의 영세율에 대하여 해설하였다.

셋째, 국제물류주선업의 세금계산서 발행에 대하여 발행시기, 발행면제, 관련 예규 등을 해설하였다.

넷째, 국제물류운송주선업의 부가가치세에 대하여 과세표준과 외화환산, 영세율, 사업자단위과세제도, 부가가치세 산정방법 등을 실무처리와

4

연습으로 나누어 해설하였다.

다섯째, 국제물류주선업의 회계처리에 대하여 총액법과 순액법의 이해와 장단점, 수익인식시기를 해설하였다.

여섯째, 국제물류주선업의 대손금과 접대비, 가지급금 관련 주요 세무회계와 조세감면에 대하여 살펴보았다.

일곱째, 국제물류주선업의 결산 체크포인트와 계정과목별 결산에 대하여 해설하였다.

끝으로 이 책이 국제물류주선업체의 세무·회계 실무자에게 조금이라도 도움이 되었으면 한다. 국제물류주선업체의 계속적인 성원과 사랑이 이 분야의 전문 세무사가 될 수 있었기에 관련업체 임직원 여러분에게 감사드린다. 계속하여 부족한 부분에 대한 끊임없는 지도와 성원을 부탁하며 국제물류주선업체 실무자 여러분의 건승을 기원한다.

2010. 7. 20.

세무사 이영원

차 례

제5장 | 국제물류주선업의 회계처리

제6장 | 국제물류주선업과 세무회계

제7장 | 국제물류주선업의 결산

읽어두기

* 종전 「복합운송주선업자」가 법령의 개정으로 「국제물류주선업자」
로 변경되었습니다.

물류정책기본법 부칙 제7조(국제물류주선업에 관한 경과조치) ① 종
전의 「화물유통촉진법」에 따라 복합운송주선업을 등록한 자는 이
법 제43조에 따른 국제물류주선업자로 본다. (제8617호, 2007.8.3)

물류정책기본법 제43조(국제물류주선업의 등록) ① 국제물류주선업
을 경영하려는 자는 국토해양부령으로 정하는 바에 따라 국토해양
부장관에게 등록하여야 한다.

* 이 책은
'국제물류주선업'과 '복합운송주선업',
'국제물류 또는 국제물류운송'과 '복합운송 또는 국제복합운송'
의 용어를 같은 뜻으로 사용하였습니다.

제1장

국제물류주선업의 이해

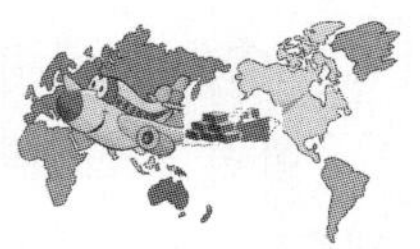

제1절 국제물류주선업의 개요

　'국제물류주선업'이란 타인의 수요에 따라 자기의 명의와 계산으로 타인의 물류시설·장비 등을 이용하여 수출입화물의 물류를 주선하는 사업을 말한다(물류정책기본법 제2조 1항 11호). 또한, 복합운송이란 송하인으로부터 화물을 인수하여 수하인에게 인도할 때까지 화물을 집하, 입고, 선적, 운송, 창고, 보관, 배달 등의 과정을 말한다.

　운송주선인이란 원래 소량화물을 철도화차단위의 화물량으로 집화하여 배분하는 업자를 일컫는 용어이었으나 이들이 국제운송에 참여하게 되면서 국제운송주선인으로서 국제화물을 집화, 분배하는 Non-Carrier형의 운송인으로서 그 개념이 정착되었다.

　운송주선인은 그 업무영역 따라 해상운송주선인(Ocean Freight Forwarder), 항공운송주선인(Air Freight Forwarder), 통관업자 등이 있는데 보통 해상과 항공운송주선을 겸업하는 것이 일반적이다.

　이러한 복합운송주선인은 종래에 화물집화점이나 대리점업을 영업기반으로 하고 있던 포워드가 국제복합운송에의 참여를 계기로 Common Carrier의 입장에서 운송행위에 개입하게 되었으며, 특히 선사나 항공사 같은 Carrier형도 복합운송을 지향하는 경우가 있어 복합운송인의 개념은 International Freight Forwarder로서 Carrier형과 Non-Carrier형을 모두 포괄하는 무선박운송인(NVOCC: Non-Vessel Operating Common Carrier)으로 그 법적 실체를 인정받게 된 것이다.

우리나라에서는 이러한 복합운송주선업에 대하여 1976년에 해운항만청이 설립되면서 해상운송사업법에 의거 26개 업체에 최초로 해상운송주선인의 면허증을 발급함으로써 운송주선업이 정식으로 도입되었다. 처음에는 면허제이었으나 1984년부터 등록제로 전환되었다. 그러나 등록제도의 본래 의미대로 시행되지 않아 1987년부터 법에 의한 등록기준만 갖추면 누구나 운송주선업을 영위할 수 있게 되어 많은 업체가 생겨나게 되었다.

항공운송주선업은 1969년에 항공법에 따라 정식으로 도입되었으며 이러한 운송주선인은 현재 약 1,000여 업체가 운송주선인으로서 등록증을 발급받고 사업을 하는 것으로 알려졌다.

우리나라의 운송주선인은 도입 초기의 단순한 기능에서 벗어나 오늘날에는 물류활동의 중추를 이루는 운송은 물론 상품의 외부포장, 보관, 정보, 보험처리 등의 다양한 지원활동에 이르기까지 그 영역을 넓히고 있다. 그 결과 우리나라의 컨테이너 물동량 중 수출은 60% 이상을 처리할 정도로 눈부신 성장을 거듭하고 있다.

국제복합운송서류

1

복합운송서류의 특징

육상·해상·항공 중 2가지 이상의 형태를 복합하여 운송될 때 발행되는 운송서류이다. 국제복합운송조약에 준거하는 것으로 MTD(Multimodal Transport Document)라고 하며, 복합운송증권 또는 복합운송장이라고도 한다. 준거가 된 국제복합운송조약이 화주 중심이므로 복합운송인에 대하여 책임을 엄격하게 규정한 것이 특징이다.

① 두 가지 이상의 다른 운송수단으로 물품이 운송된다.

② 복합운송인이 전구 간 단일책임을 진다.

③ 복합운송서류는 물품이 복합운송인에게 수탁된 시점에 발행된다. 따라서 복합운송서류는 원칙적으로 수취선하증권이다.

수취선하증권(received B/L) 형태로 발행되므로 본선 적재가 표시되지 않은 선하증권도 수리가 가능하다. 수리요건으로는 선하증권에 운송인의 명칭이 반드시 표시되어야 하고, 선적의 목적이 발송·수탁·선적 중 어느 하나에 해당함을 밝혀야 하며, 수탁지와 최종 도착지를 밝혀야 한다.

운송주선인이 발행하는 경우에는 그 자격의 취지를 기재해야 하며, 선적항 및 양륙항에 관해서는 구체적인 명칭 대신 '의도된(intended)'이라는 문구를 표시해도 수리된다. 이는 운송인이 어떤 운송방법으로 운송하든 화물 전체에 대해 단일책임을 지고 있음을 의미한다.

육상운송의 화물상환증권, 해상운송의 선하증권, 항공운송의 항공화물운송장 등과 같이 어떠한 개별운송형태에서도 운송물을 대표하는 증권이나 증거가 필요한데 복합운송주선업자가 발행하는 증권을 보통 House B/L 또는 Freight Forwarder B/L이라고 한다.

2

복합운송서류의 기재 요건과 사항

1) 기재요건

국제복합운송서류의 기재요건은 다음과 같다.

① 발행인 : 운송인 선장 또는 대리인

② 본선적재 : 선적항, 선적공항 또는 선저지와 다른 L/C에 명시된 수탁지를 표시하고, 양륙항, 양륙공항 또는 양륙지와 다른 L/C에 명시된 최종 도착지를 표시한다. 선박, 선적항 또는 양륙항과 관련하여 "예정된"이라는 표시가 있는 복합운송서류라도 수리할 수 있다.

③ 원본서류 : 한 통의 복합운송서류 원본 또는 원본이 한 통 이상 발급되었다면 원본 전통이 제시한다.

④ 선적일자 : L/C가 특별한 명시 없이 복합운송서류를 요구하였다면 발

행일을 물품의 발송, 수탁, 본선적재 그리고 선적일자로 간주한다. 그러나 본선적재 복합운송서류를 요구하였다면 스탬프나 표시문언에 의하여 본선적재부기가 된 복합운송서류로서 본선적재 부기일자를 선적일자로 간주한다.

⑤ 환적 : 전체 운송과정이 하나의 그리고 동일한 복합운송서류에 의해서 운행되면 은행은 환적이 되거나 될 수 있다는 문언이 있어도 무시하고 수리할 수 있다. 신용장에 환적금지 문언이 있더라도 환적되거나 될 수 있다는 운송서류는 수리될 수 있다.

⑥ 수리 : 약식 또는 뒷면 백지, 복합운송서류도 수리할 수 있다. 그러나 운송에 관한 조건내용은 심사하지 않는다.

⑦ 조건 : 신용장의 다른 모든 명시사항을 충족해야 하며, 용선계약 복합운송서류가 아니어야 한다.

2) 기재사항

국제복합운송서류의 기재사항은 다음과 같다.

① Shipper : 송화인의 성명 또는 상호를 기재하며 혼동이 예상될 때는 주소를 기재한다.

② Consignee : 신용장에 표기된 수하인을 기재한다.

③ Nortify Party : 신용장개설의뢰인, 즉 수입자 또는 수입자가 지정하는 대리인이 기재한다.

④ Ocean vessel : 화물을 운송하는 선박명을 기재한다.

⑤ Port of Loading : 화물을 선적하는 항구 및 국명을 기재한다.

⑥ Place of Receipt : 송화인으로부터 운송인이 화물을 수취하는 장소로 "Busan CY" "Busan C.F.S" 등으로 표기된한다.

⑦ Voyage No : 운송선박의 운송횟수로 선박회사가 임으로 정한 일련 번호가 기재하는데 1항 차는 출발항에서 목적 항을 거쳐 출발항에 회항하는 것으로 하며 수출과 수입을 구별하려고 East, West, South, North 등을 표기한다.

⑧ Port of Discharge : 화물의 양륙항 및 국명이 기재한다.

⑨ Place of Delivery : 운송인이 책임지고 운송하여 수화인에게 인도하여 주는 장소이다.

⑩ B/L No : 선사가 임의로 규정한 표시번호를 기재한다. 통상 선적항과 양륙항의 알파벳 두문자를 이용하고 번호는 일련번호를 쓴다. "Bo-5001" : Busan-Osaka, "HMBU-9001" : Hamburg-Busan 등으로 표시된다.

⑪ Flag : 선박의 등록국적을 나타낸다. 해상사고시 국제적 관례인 기국주의에 의한다.

⑫ Container No : 화물이 적재되는 컨테이너의 번호를 말한다.

⑬ Seal No : 컨테이너에 적재된 화물에 봉인을 한 Seal No를 말한다.

⑭ No. of Containers or Pkgs., Description of Goods : 포장명세서 및 상업송장에 기재된 상품의 내용을 열거한것이며 B/L No도 통상 표기되어 진다.

⑮ Gross Weight, Measurement : 화물의 중량 및 용적으로서 포장명세서, 상업송장과 일치되지 않는 경우 Remark를 부기하여야 하고 화물에 이상이 있으면 송화인에게 파손화물보상장(Letter of Indemnity)을 첨부시킨다. 수출화물의 경우 Packing List 와 B/L이 상이한 경우 통관되지 않으므로 세심히 작성되어야 한다.

⑯ Freight and Charge : 상품의 운송에 따른 제반비용의 명세로 freight, CAF, BAF, CFS Charge, Wharfage 등이 통상 표시되며 Through B/L인 경우에는 Inland Charge가 표시된다.

⑰ Prepaid, Collect : C.I.F 조건의 수출일 경우 Prepaid 란에 운임을 계산하여 표시하며, F.O.B 조건의 수출일 경우는 Collect란에 표시한다. 또한 운임의 지불조건은 Description of Goods란에 "Freight prepaid" "Freight collect" 라고 통상 표시되므로 혼동되지 않으나 간혹 기재되지 않는 경우도 있으므로 구별하여 각각의 난에 기재 하는 것이 좋다.

⑱ Freight Prepaid at : C.I.F 수출조건인 경우 운임이 지불되는 장소를 나타낸다. 즉, 화물이 부산에서 선적되어 운송되어도 서울에서 운임이 지불되는 경우에는 "Seoul, Korea"라고 기재한다.

⑲ Freight Payable at : F.O.B 수출조건으로 운임이 수하인 부담인 경우 수하인의 운임지불장소가 기재되며 운임이 지불되지 않으면 운송인 또는 대리점은 화물인도지시서 (D/O : Delivery Order)를 발행 발행하지 않는다.

⑳ On Board Date and Date of Issue : B/L의 On board Date와 Date of Issue가 기재된다. 일자는 보통 일치되며 Date of Issue 가 On board Date보다 늦을 수 있으나 빠른 경우는 B/L이 선발행되므로 은행에서 매입을 거절당한다. On board Date의 하단에는 B/L발행자의 Sign이 기재된다.

3

복합운송 관련 용어해설

다음과 같이 복합운송 관련 용어를 요약하여 해설한다.

- CAF (Currency Adjustment Factor) : 통화할증료
  환율 변동으로 인한 손실을 보전하기 위해 화주에게 부담시키는 운임 외의 추가 비용

- BAF (Bunker Adjustment Factor) : 유류할증료
  유가 변동으로 인한 손실을 보전하기 위해서 선사 등이 화주에게 부담시키는 운임 외의 추가 비용

- CFS (Container Freight Station) : 컨테이너화물집하소
  선사나 대리점이 선적할 화물을 화주로부터 인수하거나 양화된 화물을 화주에게 인도하기 위하여 지정한 장소.

- CFS Charge : 컨테이너화물 집하 작업료
  소량화물을 운송하는 경우 선적지 및 도착지의 CFS에서 화물의 혼적 또는 분류작업을 하게 되는데 이때 발생하는 비용(하역료, 검수료, 화물정리비, 보관료 등)

- Through B/L : 통용선하증권
  해운 및 육운을 겸하여 발행되는 선하증권이며, 보통의 선하증권인 동시에 철도의 화물상환증(railway bill of lading)을 대용한다. 운송화물이 목적지에 도착할 때까지 서로 다른 둘 이상의 운송기관, 즉 해상운송·육상운송 또는 항공운송을 교대로 이용하여 운송하는 경우, 환적할 때마다 운송계약을 맺는 절차 및 비용을 절약하기 위하여 첫 번째의 운송업자가 모든 운송구간에 대해서 발행하는 선하증권이다.

Through B/L의 발행인은 해상운송의 이행과 해상구간의 손실만을 책임진다.

- O/F (Ocean Freight) : 해상운송료

- THC (Terminal Handling Charge) : 부두화물작업료
컨터이너화물이 CY에 입고된 순간부터 본선의 선측까지, 반대로 수입 시는 본선의 선측에서 CY 게이트를 통과하기까지 화물의 이동에 따르는 비용.
OTH : Terminal Handling Charge at Origin
DTH : Terminal Handling Charge at Destination

- W/G, WFG (Wharfage) : 화물입출항료
해양수산부 항만법령 "무역항의 항만시설사용 및 사용료에 관한 규정"에 의해 부두를 거쳐 가는 모든 화물에 징수하는 요금.

- D/F (Document Fee) : 서류발행료 (수출 B/L, 수입 D/O 발급비)
선사나 포워더가 일반관리비 보전을 목적으로 수출 시 선하증권을 발급해 줄 때, 수입 시는 화물인도지시서 (D/O)을 발급해줄 때 징수하는 비용.

- H/C (Handling Charge) : 취급수수료
포워더가 선하증권(B/L)의 적하목록 전송(EDI), 화물도착통지(A/N), 해외 교신 등의 서비스에 발생되는 행정적인 비용. 일부는 EDI Charge로 계산하는 곳도 있음.

- CCF (Container Cleaning Fee) : 컨테이너세척료(해상)
화물의 특성에 따라 적입 전 또는 적입 후에 컨테이너의 청소를 요구하게 되는 경우 부과하는 비용. CCC(Container Cleaning Charge)라고도 한다.

- CCF (Collect Charge Fee) : 착지불수수료(항공)
  항공에서 수입화물의 운임이 착지불 될 시 해당포워더가 출발지 국가
  에 대금송금이나 환리스크 등을 보존하기 위하여 통상적으로 2%~5%
  를 부과하는 일종의 환가료 개념

- Inland Drayage : 시내운송료
  인천 LCL화물의 경우 CY→ CFS 이동료

- WCS(Weight Surcharge) : 중량초과할증료
  Over Weight Surcharge, Heavy Weight Surcharge, Container Overweight
  Surcharge로 표기, 운항선복에 비해 선적물량이 Over하여 중량을 규제
  하여 선복량을 증대시키기 위한 중량화물에 대한 할증료, 선사별 상
  이하며 선사들의 추가 운임수익을 제고하기 위한 비용항목

- PCS(Port Congestion Surcharge) : 항만혼잡세(체선료)
  선박 혼잡으로 인해 선박이 체선되는 경우 선박회사나 정기선 운임동
  맹이 하주에게 부과하는 비용

- Free Time : 자유장치기간
  본선에서 양하된 화물을 CFS나 CY에서 보관료 없이 장치할수 있는
  일정한 허용기간을 말한다. 각 해운동맹은 각자의 양하지에서 터미널
  상황을 고려하여 free time 기간을 책정하고 있다.

- Demurrage Charge : 체화료, 체선료
  체화료(화주거래) : 화주가 허용된 시간(Free Time)을 초과하여 컨테
  이너를 CY에서 반출하지 않을 경우 선박회사에 비불하는 비용
  체선료(선주거래) : 적하 또는 양하일수가 약정된 정박기간(Laydays)
  을 초과하는 경우 용선자에게 지불하는 것으로 하루(1일) 또는 중량
  톤수 1톤당 얼마를 지불하는 비용

제3절 국제복합운송의 업무구분

1

혼재운송

혼재운송(consolidated service or groupage)은 소량화물(LCL cargo)을 집하하여 컨테이너단위화물(FCL cargo)로 만들어 운송하는 복합운송업체의 가장 대표적인 서비스형태이다.

복합운송주선인은 소량화물을 단위화물로 운송함으로써 소량운임(LCL rate)과 박스운임(Box rate)의 차액에서 발생하는 운임의 절감, 창고, 포장, 통관, 선적, 하역 등에서 발생하는 차익을 수익으로 하고 있다. 이러한 혼재운송은 다음과 같이 구분된다.

1) 수화인 혼재운송

하나의 복합운송업체에 다수의 송화인으로부터 화물을 혼재하여 한 사람의 수화주에게 운송해 주는 형태로서 운송주선인은 수입자가 지불하는 혼재비용을 주 수입원으로 한다.

2) 운송주선인 혼재운송

다수의 송화인으로부터 운송의뢰를 받은 LCL화물을 상대국의 자기 거래처 또는 대리점을 통하여 다수의 수입자에게 운송해 주는 형태로서 운송주선인의 주 수입원은 혼재에서 발생하는 운임차액이다.

3) 송화인 혼재운송

단일의 송화주의 화물을 다수의 수화인에게 운송해 주는 형태이다.

2

Co-Loading 업무

운송주선인이 송화인으로부터 운송을 의뢰받은 LC 화물이 FL 화물로 혼재하기에 부족한 경우 동일 목적지의 LC 화물을 보유한 다른 운송주선인과 함께 혼재하여 FL 화물로 만들어 운송하는 업무를 Co-loading이라 한다.

송화인으로부터 의뢰받은 LC 화물이 FL 화물로 단위적재가 불가능할 경우 운송주선인은 선적예정선박의 적재만료일자 1~2 일전에 동 지역의 조건이 갖추진 다른 운송주선인을 선정하여 화물의 혼재를 의뢰하고 목적화물을 CFS로 입고시킨다. 당해 화물이 선적되면 운송주선인은 Co-loading 한 운송주선인으로부터 B/L을 발급받아 선적서류로 작성하여 송화인에게 발행한다. 이때의 B/L은 Master B/L이거나 당초 운송주선인이 발행한 House B/L이다.

3

환적 업무

환적(Transshipment)이란 기 선적된 화물을 다른 선박이나 운송수단에 옮겨 싣는 것을 의미하며 선박에서 선박으로의 환적, 선박과 철도, 트럭 또는 항공으로의 환적 등이 있다.

정기선 운항에서 선박 운항업자는 채산성을 고려하여 결정된 항구에만 기항하고 있고 나머지 항구와의 운송은 다른 소형선박이나 육상운송수단을 이용하고 있다. 현재 지리적 또는 경제적 여건에 의해 세계의 주요 환적항으로 널리 이용되고 있는 항구로는 싱가포르항, 로테르담항, 홍콩항 등이 있으며 이들 환적항은 더 많은 화적화물을 유치하기 위해 꾸준히 항만시설을 개선하고 있다. 우리나라의 부산항은 중국의 물동량이 증가하면서 환적이 늘어나기 시작했는데 국적선사들이 중국에서 유럽 또는 미국으로 운송하려는 화물의 환적을 비교적 저렴한 환적비용이 드는 부산항을 많이 이용했기 때문이다.

운송주선인은 LC 화물과 해상, 항공화물의 환적을 통해 주로 이익을 얻고 있다.

운송주선인이 환적업무를 수행하려면 Master B/L 상에 수화인(Consignee)이 자신의 회사명으로 기재되어야 하며 선적지에서 발행한 house B/L 사본 및 Master B/L 사본과 적하목록, 상업송장, 포장명세서 등을 부산세관에 제출하여야 한다.

4

기타화물 운송서비스

1) 프로젝트화물과 벌크화물

프로젝트화물, 벌크화물 (project cargo, bulk cargo)운송서비스는 특정한 공사계획에 따라 발생하는 화물의 운송서비스로, 특히 대형건설공사는 건설 자재 또는 장비의 운송을 맡아 지정된 인도지점까지 적기에 운송하는 서비스이다.

2) 해외이주화물

해외이주화물이란 내국인이나 외국인이 일정기간 동안 우리나라 또는 외국에 거주하기 위하여 반입하거나 반출하는 물품을 말하며, 이 경우 제공되는 운송서비스는 화물의 포장과정에서부터 이민국의 최종목적지까지 문전운송이다.

3) 행잉가먼트와 전시화물

컨테이너형태로 가죽 또는 모피 등의 의류를 원형 그대로 보존하여 운송하는 행잉가먼트서비스(hanging garment service) 또는 해외박람회의 전시나 예술품을 운송하여 주는 전시화물취급서비스(exhibition cargo service) 등이 있다.

제4절 　선적 업무 절차

1

수출선적 업무절차

수출선적 업무절차는 다음과 같은 단계로 이루어진다.

(1) 송화인의 선적서류 접수
송화인으로부터 선적의뢰 접수받는 선적서류는 다음과 같다. 　　　①선적요청서(shipping request : S/R) 　　　②상업송장(commercial invoice) 　　　③포장명세서(packing list : P/L) 　　　④신용장사본(L/C copy) 　　　⑤수출허가서(E/L copy)

(2) 선박수배 및 선복(space) 예약

(3) 화물의 CY/CFS 입고 및 수출신고필증 구비 확인

(4) LCL화물의 혼재작업 및 선박회사 지정 CY 이송

↓

(5)
화물의 지정선박 선적 확인

↓

(6)
House B/L 발급

↓

(7)
선박회사로부터 Master B/L 수령

↓

(8)
목적지 대리점에 선적통지

↓

(9)
목적지 대리점에 선적서류 발송

① House B/L 사본
② Master B/L 원본과 사본
③ 상업송장
④ 포장명세서
⑤ Credit/debit note

2

수입선적 업무절차

수입선적 업무절차는 다음과 같다.

(1) 수화인의 선적의뢰 접수

⬇

(2) 선적지 대리점을 통하여 화물의 규격 및 생산일정 파악

⬇

(3) 적정선박 수배, 운임파악, 선복확보

⬇

(4) 화주에게 견적서 제출

⬇

(5) 선적지 대리점으로부터 선적통보 전문입수

⬇

(6) 선적서류 입수

⬇

(7) 입수된 선적서류와 기타 부대경비청구서 제출

제5절 물류업의 이해

물류의 구분

물류란 재화가 공급자로부터 조달 생산되어 수요자에게 전달되거나 소비자로부터 회수되어 폐기될 때까지 이루어지는 운송, 보관, 하역 등과 이에 부가되어 가치를 창출하는 가공, 조립, 분류, 수리, 포장 상표부착, 판매, 정보통신 등을 말한다.

이러한 물류를 화주와 물류기업의 관계에 따라 구분하면 다음과 같다.

구분	개념
자가물류(1PL)	화주기업이 자신의 물류업무를 자사의 인력, 장비, 시설 등 자기자산을 이용하여 물류업무를 직접 수행하는 것.
자회사물류(2PL)	화주기업이 자회사나 계열사 등에 위탁하여 물류업무를 수행하는 것
제3자물류(3PL)	화주기업이 그와 특수관계에 있지 아니한 물류기업에 물류활동의 일부 또는 전부를 위탁하는 것
제4자물류(4PL)	제3자물류가 발전한 개념으로, 물류기업이 화주기업에게 IT와 컨설팅 등 분야를 제휴하여 통합솔루션을 제공하는 것

2

물류사업의 범위

물류사업은 화주의 수요에 따라 유상으로 물류활동을 영위하는 것을 업으로 하는 것으로 크게 화물운송업, 물류시설운영업, 물류서비스업으로 구분된다.

물류사업의 범위

(물류정책기본법 시행령 별표1)

대분류	세분류	세세분류
화물운송업	육상화물운송업	화물자동차운송사업, 화물자동차운송가맹사업, 철도사업
	해상화물운송업	외항정기화물운송사업, 외항부정기화물운송사업, 내항화물운송사업
	항공화물운송업	정기항공운송사업, 부정기항공운송사업, 상업서류송달업
	파이프라인운송업	파이프라인운송업
물류시설운영업	창고업 (공동집배송센터운영업 포함)	일반창고업, 냉장 및 냉동 창고업, 농·수산물 창고업, 위험물품보관업, 그 밖의 창고업
	물류터미널운영업	복합물류터미널, 일반물류터미널, 해상터미널, 공항화물터미널, 화물차전용터미널, 컨테이너화물조작장(CFS), 컨테이너장치장(CY), 물류단지, 집배송단지 등 물류시설의 운영업
물류서비스업	화물취급업 (하역업 포함)	화물의 하역, 포장, 가공, 조립, 상표부착, 프로그램 설치, 품질검사 등 부가적인 물류업
	화물주선업	국제물류주선업, 화물자동차운송주선사업
	물류장비임대업	운송장비임대업, 산업용 기계·장비 임대업, 운반용기임대업, 화물자동차임대업, 화물선박임대업, 화물항공기임대업, 운반·적치·하역장비 임대업, 컨테이너·파렛트 등 포장용기 임대업, 선박대여업

물류정보처리업	물류정보 데이터베이스 구축, 물류지원 소프트웨어 개발·운영, 물류 관련 전자문서 처리업	
물류컨설팅업	물류 관련 업무프로세스 개선 관련 컨설팅, 자동창고, 물류자동화 설비 등 도입 관련 컨설팅, 물류 관련 정보시스템 도입 관련 컨설팅	
해운부대사업	해운대리점업, 해운중개업, 선박관리업	
항만운송관련업	항만용역업, 물품공급업, 선박급유업, 컨테이너 수리업, 예선업	
항만운송사업	항만하역사업, 검수사업, 감정사업, 검량사업	

3

종합물류기업 인증제

1) 인증제의 목적

자가물류 중심의 물류구조와 영세물류기업 중심의 기능별 물류서비스를 경쟁력 있는 물류전문기업 중심의 종합물류서비스로 개편하여 낙후된 물류시장을 선진화하고 물류경쟁력 향상을 도모하기 위함이다.

* 근   거 : 물류정책기본법 제38조
  관련규정 : 종합물류기업인증 등에 관한 규칙, 종합물류기업인증요령

2) 인증기준

① 화물운송업·물류시설운영업 및 물류서비스업을 종합 영위하면서 화주기업이 요구하는 종합물류서비스를 제공하고, 각 대분류 업종별로 최

소 1개 이상 세분류 업종을 함께 영위하며, 각각 1개 사업의 매출액이 총 매출액의 3퍼센트 또는 30억 이상일 것.

대분류	화물운송업	물류시설운영업	물류서비스업
세분류	육상 해상 항공 파이프라인	창고업 화물터미널운영	화물취급 주선 장비임대 정보처리 컨설팅

② 물류부문 매출액 중 제3자물류 매출비중이 30% 이상이거나 제3자물류 매출액이 3,000억원 이상일 것. 단, 전략적제휴기업집단의 경우는 전략적제휴를 하는 기업별로 각각 계산한다.

③ 다양성, 규모, 발전가능성의 3개 평가항목에 의한 최종점수가 70점 이상일 것

구분	세부평가항목	자산중심	서비스중심
다양성	네트워크,매출구조,대상고객	25%	25%
기업규모	자본, 자산, 매출	35%	15%
발전가능성	제3자물류화, 국제화, 정보화, 안정성, 인력확보, 품질경영	40%	60%
소 계		100%	100%

※ 각항목별 비중은 기업유형별로 다르게 적용

3) 인증절차

① 인증기관

종합물류기업 인증센터(KOTI, '06.1)를 인증제 운영을 전담할 전문인증기관으로 지정. 인증센터 및 인증운영위원회 운영을 위해 예산지원(매

년 4억원)하고 있다.

② 인증심사

서류심사와 현장심사를 병행하여 인증심사단이 심사결과를 인증기관
에 보고 후, 인증기관에서 심사결과를 인증위원회에 상정하여 최종합격
여부를 결정한다.

③ 인증마크를 발급

종합물류업자 인증 등에 관한 규칙

(제정 2005.12.30 산업자원부령 제317호)

제1조(목적) 이 규칙은 「화물유통촉진법」 제39조 및 제40조의 규정에 의
하여 종합물류업자의 인증 및 인증종합물류업자에 대한 지원대상 사업 등
에 관하여 필요한 사항을 규정함을 목적으로 한다.

제2조(정의) 이 규칙에서 사용하는 용어의 정의는 다음과 같다.
1. "물류사업"이라 함은 「화물유통촉진법 시행령」(이하 "영"이라 한다) 별표
   2의 규정에 의한 물류사업을 말한다.
2. "물류기업"이라 함은 물류사업을 1개 이상 영위(실제 매출액이 발생하는
   경우를 말한다)하는 물류사업자를 말한다.
3. "제3자물류"라 함은 물류기업이 「독점규제 및 공정거래에 관한 법률 시
   행령」 제11조의 규정에 의한 특수관계인을 제외한 화주기업(자기의 물류
   에 관한 업무를 물류기업에 위탁하고자 하는 제조업자 또는 도·소매업자
   를 말한다) 또는 다른 물류기업과 1년 이상의 기간동안 계약을 체결하여
   수행하는 물류활동을 말한다.
4. "전략적제휴"라 함은 물류기업이 물류사업의 경쟁력을 높이기 위하여 다
   른 물류기업과 상호협력하는 관계를 형성하는 것을 말한다.
5. "전략적제휴기업집단"이라 함은 다음 각 목의 요건을 모두 갖추어 전략
   적제휴를 하는 물류기업의 집단을 말한다. 다만, 「독점규제 및 공정거래
   에 관한 법률」 제2조1호의3의 규정에 의한 자회사 간에 전략적 제휴를
   하는 경우에는 바목의 요건을 제외한다.
   가. 5개 이내의 물류기업으로 구성될 것
   나. 전략적 제휴의 기간이 인증신청일을 기준으로 3년 이상 유효할 것
   다. 공동브랜드를 이용하여 물류사업을 영위할 것

라. 물류정보망 및 물류시설을 공동으로 이용할 것
마. 통합적인 물류회계보고서를 작성할 것
바. 주력기업(전략적제휴기업집단 중 지분교환 또는 지분투자를 주도적으로 하는 하나의 기업을 말한다)을 중심으로 5퍼센트 이상의 지분교환 또는 지분투자를 할 것
사. 「독점규제 및 공정거래에 관한 법률」에 위반되지 아니할 것

제3조(인증기준) 종합물류업자의 인증기준은 다음 각 호와 같다.

1. 영 별표 2의 규정에 의한 대분류별 세분류에 해당하는 물류사업을 각각 1개 이상씩 영위할 것
2. 영 별표 2의 규정에 의한 대분류별 세분류에 해당하는 물류사업 중 각각 1개 물류사업의 매출액이 물류사업 총매출액의 3퍼센트 또는 30억원 이상일 것
3. 물류사업의 총매출액 중 제3자물류의 매출액비율이 30퍼센트 이상이거나 제3자물류의 매출액이 3,000억원 이상일 것.(전략적제휴기업집단의 경우에는 전략적제휴를 하는 물류기업별로 각각 계산한다)
4. 별표의 규정에 의한 평가항목 및 평가항목별 평가기준에 따라 산정된 평가영역별 점수의 합계가 1개 이상의 평가영역에서 70점 이상일 것
5. 별표의 규정에 의한 평가항목 및 평가항목별 평가기준에 따라 산정된 평가영역별 점수의 합계가 전략적제휴를 하는 물류기업별로 1개 이상의 평가영역에서 20점 이상일 것(전략적제휴기업집단의 경우에 한한다)

제4조(인증신청) ①종합물류업자로 인증을 받고자 하는 자는 별지 제1호서식의 종합물류업자 인증신청서에 다음 각 호의 서류를 첨부하여 물류사업을 관장하는 중앙행정기관의 장(이하 "주무부장관"이라 한다) 중 자신의 주된 물류사업을 관장하는 주무부장관에게 제출하여야 한다. 다만, 「전자정부 구현을 위한 행정업무 등의 전자화 촉진에 관한 법률」 제21조제1항의 규정에 의한 행정정보의 공동이용을 통하여 첨부서류에 대한 정보를 확인할 수 있는 경우에는 그 확인으로 첨부서류의 제출에 갈음할 수 있다.

 1. 별표의 규정에 의한 평가항목 및 평가항목별 평가기준에 따른 자체평가표 1부
 2. 법인등기부등본 1부(법인의 경우에 한한다)
 3. 사업자등록증 사본 1부
 4. 재무제표 1부
 5. 물류회계보고서 1부
 6. 그 밖에 별표의 규정에 의한 평가항목별 평가를 위하여 필요한 입증자료로서 주무부장관이 공동으로 정하여 고시하는 서류

②종합물류업자로 인증을 받고자 하는 자가 전략적제휴기업집단인 경우에는 전략적제휴를 하는 물류기업의 공동명의로 별지 제2호서식의 종합물류업자 인증신청서에 다음 각 호의 서류를 첨부하여 주무부장관 중 당해 전략적제휴기업집단의 주된 물류사업을 관장하는 주무부장관에게 제출하여야

한다. 다만, 「전자정부 구현을 위한 행정업무 등의 전자화 촉진에 관한 법률」 제21조제1항의 규정에 의한 행정정보의 공동이용을 통하여 첨부서류에 대한 정보를 확인할 수 있는 경우에는 그 확인으로 첨부서류의 제출에 갈음할 수 있다.
 1. 별표의 규정에 의한 평가항목 및 평가항목별 평가기준에 따른 자체평가표 및 물류기업별 자체평가표 각 1부
 2. 법인등기부등본 각 1부(법인의 경우에 한 한다)
 3. 사업자등록증 사본 각 1부
 4. 재무제표 각 1부
 5. 전략적 제휴를 증명하는 서류 1부
 6. 통합적 물류회계보고서 1부
 7. 통합적 물류시스템 구축도 1부
 8. 그 밖에 별표의 규정에 의한 평가항목별 평가를 위하여 필요한 입증자료로서 주무부장관이 공동으로 정하여 고시하는 서류

제5조(인증서의 발행 등) ①주무부장관은 제4조의 규정에 따라 인증을 신청한 자가 인증심사 결과 제3조의 규정에 의한 인증기준에 적합한 경우에는 별지 제3호서식 또는 별지 제4호서식의 종합물류업자인증서를 공동명의로 발행하여야 한다.
②주무부장관은 제1항의 규정에 의하여 인증을 받은 종합물류업자가 제3조의 규정에 의한 인증기준을 적합하게 유지하고 있는지를 연 1회 이상 정기적으로 확인하여야 한다.
③제2항의 규정에 의한 확인을 위하여 필요한 세부사항은 주무부장관이 공동으로 정하여 고시한다.

제6조(인증표시) ①제5조의 규정에 의하여 종합물류업자 인증을 받은 자는 당해 물류기업이나 당해 물류기업에서 취급하는 포장·용기·홍보물 등에 인증의 내용을 나타내는 표시(이하 "인증표시"라 한다)를 할 수 있다.
②제1항의 규정에 의한 인증표시의 도안 및 표시방법 등에 관하여는 주무부장관이 공동으로 정하여 고시한다.

제7조(수수료) 종합물류업자로 인증을 받고자 하는 자는 주무부장관이 공동으로 정하여 고시하는 수수료를 납부하여야 한다.

제8조(인증종합물류업자에 대한 지원) 법 제40조 제2항 제6호에서 "그 밖 물류사업의 육성을 위하여 공동부령이 정하는 사업"이라 함은 물류전문인력을 양성하는 사업을 말한다.

4

종합물류업에 관련 예규

제3자물류 비용 세액공제 시 물류비용 대상 여부

(법인 746, 2009.06.30)

「조세특례제한법(제104조의14)」를 적용하는 경우 국토해양부에서 고시한 사내물류비는 제외하는 것이며, 물류센터의 임차료와 자가물류센터에 대한 감가상각비는 물류비용에 해당하는 것이다.

질의 (사실 관계)

① 일반적인 경우

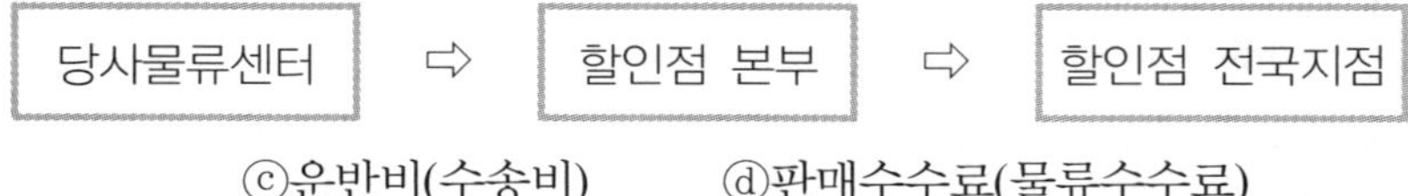

② 할인점에 납품하는 경우

당사는 각 할인점의 지점에서 수주받아 제품을 물류센터까지 제품을 운송하여 인도하면 납품이 완료되며, 할인점 물류센터까지의 배송은 당사의 책임과 비용으로 이뤄지고, 이후 할인점 물류센터에서 할인점 지점까지는 할인점의 자체 물류시스템을 이용하여 제품을 운송하며 이 경우 당사는 할인점의 물류시스템 이용에 따른 배송수수료 명목으로 매출액의 일정률을 판매수수료(물류수수료)로 할인점에 지급함

(질의요지)

① 당사의 경우와 같이 제품을 공장에서 생산하여 물류창고로 이송하는 데 소요되는 물류비용도 조특법의 물류비용에 해당하는지 여부

② 당사가 할인점 물류센터에서 할인점 지점으로 배송하는 데 따른 물류비용 명목으로 지급하는 물류수수료가 제3자물류 비용에 포함 여부

③ 타사 건물을 임차하여 사용하는 물류센터의 임차료가 물류비용에 해당 여부 및 자가 건물의 물류센터에 대한 감가상각비가 물류비용에 해당 여부

[회신] 1) 조세특례제한법 제104조의14를 적용하는 경우 물류비용의 범위는 같은 법 시행령 제43조의4 제6항 및 같은 법 시행규칙 제19조의2 제2항에 따른 물류비용을 말하는 것이며, 이때 물류비용에는 기업물류비 산정지침(국토해양부 고시) 제7조 제1항 제2호 규정의 사내물류비는 제외되는 것입니다.

따라서 귀 질의의 ⓐ운반비(수송비) 및 ⓓ판매수수료(물류수수료)는 물류비용에 해당하지 않는 것이며, 물류센터의 임차료와 자가물류센터에 대한 감가상각비는 물류비용에 해당하는 것이다.

❖ 제3자물류 비용에 대한 세액공제 (조세특례제한법 제104조의14)

① 제조업을 영위하는 내국인이 다음 각 호의 요건을 모두 갖추어 2010년 12월 31일 이전에 끝나는 과세연도까지 각 과세연도에 지출한 물류비

용 중 제3자물류 비용이 직전 과세연도에 지출한 제3자물류 비용을 초과하는 경우 그 초과하는 금액의 1천분의 25(2009년 12월 31일 이전에 납세의무가 성립하는 과세기간 분까지는 100분의 3)에 상당하는 금액을 소득세(사업소득에 대한 소득세에 한한다) 또는 법인세에서 공제한다. 다만, 공제받는 금액이 해당 과세연도의 소득세 또는 법인세의 100분의 10을 초과하는 경우에는 100분의 10을 한도로 한다. (2008.12.26. 개정)

1. 각 과세연도에 지출한 제3자물류 비용이 각 과세연도에 지출한 물류비용의 100분의 50 이상일 것 (2007.12.31. 신설)

2. 해당 과세연도에 지출한 물류비용 중 제3자물류 비용이 차지하는 비율이 직전 과세연도보다 낮아지지 아니할 것 (2007.12.31. 신설)

② 제1항을 최초로 적용하는 경우에는 해당 과세연도에 지출한 물류비 중 제3자물류 비용이 100분의 50을 초과하면 그 초과금액의 1천분의 25(2009년 12월 31일 이전에 납세의무가 성립하는 과세기간 분까지는 100분의 3)에 상당하는 금액을 소득세(사업소득에 대한 소득세에 한한다) 또는 법인세에서 공제한다. 다만, 공제받는 금액이 해당 과세연도의 소득세 또는 법인세의 100분의 10을 초과하는 경우에는 100분의 10을 한도로 한다. (2008.12.26. 개정)

③ 제1항을 적용받으려는 내국인은 대통령령으로 정하는 바에 따라 세액공제신청을 하여야 한다. (2007.12.31. 신설)

❖ 제3자물류 비용에 대한 세액공제신청 등 (조세특례제한법 시행령 제104조의 14)

법 제104조의 14 제1항 및 제2항에 따라 소득세 또는 법인세를 공제받으려는 자는 과세표준신고와 함께 기획재정부령으로 정하는 세액공제신청서를 납세지 관할세무서장에게 제출하여야 한다. (개정 2008.2.29)

❖ 물류비용의 범위 등 (조세특례제한법 시행규칙 제19조의2)

영 제43조의4 제6항 제2호에서 "기획재정부령이 정하는 물류비용"이라 함은 다음 각 호의 어느 하나에 해당하는 비용을 말한다. (2008.4.29. 직제개정)

1. 생산되거나 매입한 물자(포장·수송용 용기, 자재 등을 포함한다. 이하 이 항에서 같다)를 판매창고에 보관하여 소비자에게 인도할 때까지의 물류활동에 따른 비용 (2007.3.30. 신설)

2. 소비자에게 판매(위탁판매를 포함한다. 이하 이 항에서 같다)한 물자가 판매계약의 취소 등으로 인하여 소비자로부터 판매자에게 물자가 반품될 때까지의 물류활동에 따른 비용 (2007.3.30. 신설)

3. 소비자로부터 재활용 가능한 물자를 회수하여 다시 사용이 가능하도록 할 때까지의 물류활동에 따른 비용 (2007.3.30. 신설)

4. 소비자로부터 파손 또는 진부화된 물자를 회수하여 폐기할 때까지의 물류활동에 따른 비용 (2007.3.30. 신설)

해신 2) 조세특례제한법 제104조의 14 규정을 적용함에 있어 물류비용은 같은 법 제46조의4제2항제1호 및 같은 법 시행령 제43조의4제6항 각 호의 비용을 말하는 것으로 귀 질의의 경우 물류비용은 판매가 확정되어 물자의 이동이 개시되는 시점 부터 소비자에게 인도 또는 반품되거나 재사용 또는 폐기까지의 물류활동에 따른 비용을 말하는 것입니다(법인-551, 2009.2.10).

(예규 2)

제3자물류 비용 세액공제의 적용

(법인-476, 2009.04.23)

　　제3자물류 비용에 대한 세액공제에서 물류비용은 조세특례제한법 시행령 제43조의4 제6항 및 같은 법 시행규칙 제19조의2 제2항에서 규정하는 물류비용을 의미하는 것이다.

질의 　조세특례제한법 제104조의14(제3자물류 비용에 대한 세액공제)를 적용함에 있어서 불분명한 사안에 대해 문의

① 제3자물류 비용에 대한 세액공제는 2008.1.1 이후 최초로 지출하는 분부터 적용토록 하고 있는 바, 기존부터 제3자 물류를 이용하고 있는 제조업이 경우 2008 귀속 사업연도 세액공제 신청 시 어떤 방법을 적용하여야 하는지 여부

② 운송비 이외에 제3자 물류기업을 통하여 지출되는 하역료, 항만시설이용료(Wharfage), 컨테이너세 등의 항만물류비와 항만보관료, 터미널하물처리비(THC) 등의 해상 부대비용과 관세업을 영위하는 관세사사무소에 지출되는 수출입통관수수료 등이 물류비용에 해당하는지 여부

③ 「조세특례제한법」 제104조의14 규정은 물류기업을 육성하기 위해 도입된 것으로 제3자 물류기업 해당업종을 물류정책기본법시행령 제3조(물류사업의 범위)의 화물운송업, 물류시설운영업, 물류서비스업을 영위하는 기업 모두가 포함되는지 여부

회신 　조세특례제한법 제104조의14 제2항에 의한 세액공제방식은 제1항의 요건을 충족한 경우에 한하여 적용받을 수 있는 것이며, 동 규정을 적용함에 있어서 물류비용은 같은 법 시행령 제43조의4 제6항 및 같은 법 시행규칙 제19조의2 제2항에서 규정하는 물류비용을 의미하는 것으로 같은 법 시행령 제5조 제8항에서 규정한 물류산업을 영위하는 자(특

수관계자 제외)에게 지출한 비용을 적용대상으로 하는 것임

(예규 3)

제3자물류 비용에 대한 세액공제 대상에 해당되는지 여부

(법인-551, 2009.02.10)

조세특례제한법의 "제3자물류 비용에 대한 세액공제" 적용함에 있어 판매관련 물류비용은 판매가 확정되어 물자의 이동이 개시되는 시점 부터 소비자에게 인도 또는 반품되거나 재사용 또는 폐기까지의 물류활동에 따른 비용을 말하는 것임

질의 (사실 관계)

① 완성차(승용차)를 제조하여 판매하는 법인으로, 완성차를 특수관계자가 아닌 물류전문기업에 위탁하여 소비자가 원하는 전시장으로 배송

② 지방 거주 고객의 경우 전시장으로 배송되나, 수도권 거주 고객의 경우 판매가 확정되기 전에 수도권에 위치한 물류센터로 완성차를 운반하고, 고객의 주문 시 물류센터에서 해당 전시장으로 배송

(질의내용)

판매가 확정되기 이전에 고객에게 보다 빨리 인도하기 위해 물류센터로 미리 운반하는 물류비에 대해 세액공제 적용이 가능한지 여부

회신 조세특례제한법 제104조의14 규정을 적용함에 있어 물류비용은 같은 법 제46조의4 제2항 1호 및 같은 법 시행령 제43조의4 제6항 각 호의 비용을 말하는 것으로 귀 질의의 경우 물류비용은 판매가 확정되어 물자의 이동이 개시되는 시점부터 소비자에게 인도 또는 반품되거나 재

사용 또는 폐기까지의 물류활동에 따른 비용을 말하는 것임.

조세특례제한법상 물류업에 대한 조세지원

조세특례제한법

(개정 2010.1.1)

제46조의3 (물류기업의 전략적 제휴를 위한 주식교환 등에 대한 과세특례)

① 물류산업을 경영하는 중소기업인 법인(이하 이 조에서 "제휴물류법인"이라 한다)의 주주(그 법인의 발행주식 총수의 100분의 10 이상을 보유한 주주를 말한다. 이하 이 조에서 같다)가 소유하는 제휴물류법인의 주식을 다음 각 호의 요건을 갖추어 2009년 12월 31일 이전에 물류산업을 경영하는 다른 중소기업인 법인(「자본시장과 금융투자업에 관한 법률」에 따른 주권상장법인은 제외하며, 이하 이 조에서 "제휴상대물류법인"이라 한다)이 보유한 자기주식과 교환하거나 제휴상대물류법인에 현물출자하고 그 법인으로부터 출자가액에 상당하는 주식을 새로 받음으로써 발생하는 양도차익에 대해서는 대통령령으로 정하는 바에 따라 그 주주가 주식교환 또는 현물출자(이하 이 조에서 "주식교환등"이라 한다)로 인하여 취득한 제휴상대물류법인의 주식을 처분할 때까지 양도소득세의 과세를 이연받을 수 있다.

  1. 대통령령으로 정하는 바에 따라 제휴물류법인과 제휴상대물류법인 간 전략적 제휴계획을 추진하고 그 계획에 따라 주식교환등이 이루어질 것
  2. 제휴물류법인의 주주 또는 그 주주와 특수관계에 있는 자가 제휴상대물류법인의 최대주주와 특수관계에 있지 아니할 것
  3. 제휴물류법인의 주주가 주식교환등으로 취득한 주식과 제휴상대물류법인이 주식교환등으로 보유한 주식을 각각 1년 이상 보유하도록 하는 계약을 제휴물류법인과 제휴상대물류법인 간에 체결할 것

② 제1항을 적용하는 경우 물류산업의 범위, 최대주주의 범위 및 특수관계의 범위에 관한 사항은 대통령령으로 정한다.

③ 제1항에 따른 물류기업의 전략적 제휴를 위한 주식교환등에 대한 과세특례에 관하여는 제46조의2제2항 및 제3항을 준용한다. 이 경우 "제휴법인"은 "제휴물류법인"으로 본다.

제46조의4 (자가물류시설의 양도차익에 대한 법인세 과세특례)

① 1년 이상 계속하여 사업을 한 중소기업에 해당하는 내국법인이 대통령령으로 정하는 자가물류시설(이하 이 조에서 "자가물류시설"이라 한다)을 2009년 12월 31일까지 양도함으로써 발생하는 양도차익에 상당하는 금액

에 대해서는 대통령령으로 정하는 바에 따라 계산한 금액을 해당 사업연도의 소득금액을 계산할 때 익금에 산입하지 아니할 수 있다. 이 경우 해당 금액은 양도일이 속하는 사업연도 종료일 이후 3년이 되는 날이 속하는 사업연도부터 3개 사업연도의 기간 동안 균분한 금액 이상을 익금에 산입하여야 한다.

② 제1항을 적용받은 내국법인이 자가물류시설의 양도일 이후 3년 이내에 해당 사업을 폐업하거나 해산한 경우 또는 다음 각 호의 어느 하나에 해당하는 요건을 충족하지 못한 경우에는 그 사유가 발생한 날이 속하는 사업연도의 소득금액을 계산할 때 대통령령으로 정하는 바에 따라 계산한 금액을 익금에 산입하여야 한다. 이 경우 익금에 산입할 금액에 대해서는 제33조제3항 후단을 준용한다.
  1. 자가물류시설을 양도한 후 대통령령으로 정하는 기간 동안 각 사업연도에 지출한 물류비용 중 「법인세법」 제52조제1항에 따른 특수관계자 외의 자에게 지출한 물류비용(이하 이 조 및 제104조의14에서 "제3자물류 비용"이라 한다)이 100분의 70 이상일 것
  2. 대통령령으로 정하는 기간 동안 각 사업연도의 제3자물류 비용이 자가물류시설의 양도차익에 가목 및 나목의 비율을 곱하여 계산한 금액 이상일 것
     가. 「법인세법」 제55조에 따른 세율
     나. 금융기관의 이자율을 고려하여 대통령령으로 정하는 이자율

③ 제1항 및 제2항을 적용하는 경우 물류비용의 범위, 양도차익명세서의 제출, 그 밖에 필요한 사항은 대통령령으로 정한다.

제46조의5 (물류사업 분할에 대한 과세특례)

내국법인이 다음 각 호의 요건을 모두 갖추어 2009년 12월 31일 이전에 물류사업부문을 분할한 후 대통령령으로 정하는 물류전문법인(이하 이 조에서 "물류전문법인"이라 한다)과 합병하는 경우로서 분할로 신설되는 법인 또는 분할합병의 상대방 법인이 분할법인 또는 소멸한 분할합병의 상대방 법인의 자산을 평가하여 승계한 경우 그 승계한 자산(대통령령으로 정하는 자산만 해당한다)의 가액 중 해당 자산에 대한 분할평가차익에 상당하는 금액은 「법인세법」 제46조제1항 각 호 외의 본문에 따라 분할등기일이 속하는 사업연도의 소득금액을 계산할 때 손금에 산입할 수 있다. 다만, 분할법인과 분할로 신설되는 법인 또는 분할합병의 상대방 법인이 「법인세법」 제52조제1항에 따른 특수관계자에 해당하는 경우에는 그러하지 아니하다.
  1. 분할등기일 현재 1년 이상 계속하여 사업을 한 내국법인이 대통령령으로 정하는 바에 따라 분할하는 것일 것
  2. 「법인세법」 제46조제1항제2호 및 제3호에 해당할 것

제46조의6 (물류법인의 합병시 이월결손금의 승계에 대한 과세특례)

물류산업을 경영하는 법인(이하 이 조에서 "물류법인"이라 한다)이 2009년 12월 31일까지 다른 물류법인을 합병하는 경우로서 다음 각 호의 요건을 모두 갖춘 경우에는 합병등기일 현재 합병으로 인하여 소멸하는 법인(이하 "피합병법인"이라 한다)의 「법인세법」 제13조제1호에 따른 결손금은 대통령령으로 정하는 금액의 범위에서 같은 법 제45조에 따라 합병법인의 각 사업연도의 과세표준을 계산할 때 공제할 수 있다.

 1. 「법인세법」 제44조제1항 각 호의 요건을 모두 갖출 것
 2. 합병법인이 피합병법인의 자산을 장부가액으로 승계할 것
 3. 피합병법인의 주주·사원 또는 출자자가 합병법인으로부터 받은 주식 또는 출자지분이 합병법인의 합병등기일 현재 발행주식총수 또는 출자총액의 100분의 3 이상일 것
 4. 「법인세법」 제45조제1항제3호에 해당할 것

제104조의14 (제3자물류 비용에 대한 세액공제)

① 제조업을 경영하는 내국인이 다음 각 호의 요건을 모두 갖추어 2010년 12월 31일 이전에 끝나는 과세연도까지 각 과세연도에 지출한 물류비용 중 제3자물류 비용이 직전 과세연도에 지출한 제3자물류 비용을 초과하는 경우 그 초과하는 금액의 100분의 3에 상당하는 금액을 소득세(사업소득에 대한 소득세만 해당한다) 또는 법인세에서 공제한다. 다만, 공제받는 금액이 해당 과세연도의 소득세 또는 법인세의 100분의 10을 초과하는 경우에는 100분의 10을 한도로 한다.

 1. 각 과세연도에 지출한 제3자물류 비용이 각 과세연도에 지출한 물류 비용의 100분의 50 이상일 것
 2. 해당 과세연도에 지출한 물류비용 중 제3자물류 비용이 차지하는 비율이 직전 과세연도보다 낮아지지 아니할 것

② 직전 과세연도에 지출한 제3자물류 비용이 직전 과세연도에 지출한 물류비용의 100분의 50 미만이거나 없는 경우로서 해당 과세연도에 지출한 제3자물류 비용이 해당 과세연도에 지출한 물류비용의 100분의 50을 초과하는 경우에는 제1항에도 불구하고 그 초과금액의 100분의 3에 상당하는 금액을 소득세(사업소득에 대한 소득세만 해당한다) 또는 법인세에서 공제한다. 다만, 공제받는 금액이 해당 과세연도의 소득세 또는 법인세의 100분의 10을 초과하는 경우에는 100분의 10을 한도로 한다.

③ 제1항을 적용받으려는 내국인은 대통령령으로 정하는 바에 따라 세액공제신청을 하여야 한다.

제2장

국제물류주선업과 영세율

1

영세율 제도의 이해

현행부가가치세의 과세방법은 단계세액공제방식(전 단계세액공제방식)으로서, 매출세액(매출액 ×세율)에서 매입세액을 공제한 차액을 납부세액으로 하는 방식이므로 매출세액 산출 시 영(zero)의 세율을 적용하면 매출세액이 영(0)이 되고 따라서 재화·용역을 구입할 때 부담한 매입세액을 공제하면 납부세액이 부(△)가 되어 결국 재화 또는 용역을 공급받을 때 자기가 부담한 매입세액을 전액 환급받게 된다.

이와 같이 영세율에 의하는 경우에는 매입세액까지도 환급하여 부가가치세 부담이 전혀 없으므로 이를 완전면세(완전면세)제도라고 한다.

1) 국제적 이중과세의 방지

재화의 수출입에 관한 소비세 과세는 관세 및 무역에 관한 일반협정(GATT)상의 일반원칙인 소비지과세원칙(소비지과세원칙)에 따라 재화를 수출하는 경우에 수출국과 수입국에서 부가가치세를 각각 과세하게 되면 동일재화에 대한 이중과세(이중과세)문제가 발생한다. 이와 같은 문제를 해결하기 위하여 당해 재화를 생산·수출하는 국가에서는 과세하지 아니하고 수입소비국에서 과세하도록 함으로써 국제적 이중과세의 방지를 기하고 있다. 따라서 영세율 제도는 가장 완벽한 면세제도라 할 수 있다.

2) 수출촉진

영의 세율이 적용되는 재화 등에는 부가가치세 부담이 완전히 없어지게 되므로 수출하는 재화 등의 가격조건이 그만큼 유리하게 되어 국제경

쟁력이 강화된다. 그리고 영의 세율이 적용되는 경우에는 조기환급(조기환급) 대상이 되므로 수출업자의 자금부담을 그만큼 해소할 수 있다. 따라서 영세율은 수출을 촉진하기 위한 조세지원제도라 할 수 있다.

2

복합운송주선업의 영세율 근거

1) 부가가치세법상 영세율 근거조항

부가가치세법 제11조 제3항에서는 선박 또는 항공기의 외국항행용역을 영세율적용대상 거래로 규정하고 있으며 부가가치세법 시행령 제25조 2항에서는 운송주선업자의 영세율적용대상 외국항행용역의 범위를 다음과 같이 규정하고 있다.

"운송주선업자가 국제복합운송계약에 의하여 화주로부터 화물을 인수하고 자기책임과 계산하에 타인의 선박 또는 항공기 등 운송수단을 이용하여 화물을 운송하고 화주로부터 운임을 받는 국제운송용역과 항공법에 의한 상업서류송달용역은 제1항의 규정에 의한 외국항행용역의 범위에 포함한다."

2) 상법상 영세율 근거

우리나라의 상법에 의하면 "운송주선인이란 자기의 명의로 물건운송의 주선을 영업하는 자"라고 규정(제114조)하고, 운송주선인은 다른 약정이 없으면 직접 운송할 수 있으며 이 경우 운송인과 동일한 권리의무가 있다는 개입권(제166조)을 인정하고 있다.

또한, 운송주선인이 위탁자의 청구에 의해 화물상환증을 작성한 때에는 직접 운송한 것으로 본다고 규정하고 있어 우리나라의 운송주선인은 물건의 운송을 주선하는 것에 국한하지 않고 직접 운송을 하는 운송인의 지위도 동시에 갖고 있다고 할 수 있다.

운송주선인은 운송인과 마찬가지로 운송물의 멸실, 훼손 또는 지연으로 인한 손해를 배상할 책임이 있는 것(제115조)처럼 의무가 있는 반면, 운임 또는 보수청구권 및 유치권과 같은 권리가 있다.

운송인으로서 항공사 또는 선박회사가 항공화물운송장(Air Way Bill) 또는 선화증권(Bill of Lading)을 화주 등에게 발행함으로써 운송에 관한 내용을 증명하고 영세율을 적용받는 것과 마찬가지로 복합운송주선인도 포워더 B/L (House B/L 또는 Forwarder's B/L)을 발행하므로 운송인과 같은 의무와 책임이 있다하겠다.

이처럼 상법은 운송주선인을 운송인과 같은 지위에 놓음으로써 현행 부가가치세법상 선박 또는 항공기의 외국항행용역에 대해서 영세율을 적용하는 것과 마찬가지로 복합운송주선인도 영세율을 적용받을 수 있는 논리적 근거가 된다.

3

부가세법상 영세율 적용대상 거래

1) 영세율의 적용 여부

사업장이 국내에 소재하는 사업자가 국외에서 용역을 공급하고 그 대가를 원화 또는 외화 결제를 불문하고 영세율을 적용한다. 그러나 사업자가 국내에서 국내사업장이 있는 외국법인에 용역을 제공하고 그 대가를 외화로 받는 경우는 영세율을 적용하지 아니한다.

2) 영세율의 적용범위

(1) 외국항행용역의 제공자가 거주자 또는 내국법인의 경우

선박 또는 항공기에 의하여 여객이나 화물을 국내에서 국외로, 국외에서 국내로 또는 국외에서 국외로 수송하는 외국항행용역에 대하여는 영세율을 적용하며, 외국항행사업자가 자기사업에 부수하여 행하는 재화 또는 용역의 공급으로서 다음 각호에 대하여 외국항행용역에 포함되므로 영(0)의 세율을 적용한다.

① 다른 항행사업자가 운용하는 선박 또는 항공기의 탑승권을 판매하거나 화물운송계약을 체결하는 것(외국항행사업자가 타항공사 대신 탑승권 발매하고 수수료 받는 경우)
② 외국을 항행하는 선박 내 또는 항공기 내에서 승객에게 공급하는 것(기내에서 제공되는 식사나 음료)
③ 자기의 승객만이 전용하는 버스를 탑승하게 하는 것
④ 자기의 승객만이 전용하는 호텔에 투숙하게 하는 것

부가가치세 납세의무는 대한민국의 주권이 미치는 범위내에서 적용하고 사업자가 대한민국의 주권이 미치지 아니하는 국외거래는 부가가치세 납세의무가 없다.

국내외에 걸친 항행용역은 우리나라의 주권이 미치지 아니하는 범위도 있으므로 이 부분에 대하여는 부가가치세를 과세하지 아니함이 원칙이겠으나 이를 엄밀하게 구분하지 아니하고 전체를 하나의 용역으로 보아 영(0)의 세율을 적용하는 것은 계산의 편의성과 행정력의 절감 때문일 것이다. 따라서 우리나라 국적의 항공기 또는 선박에서 이루어지는 거래는 국외거래로 보지 아니하고 국내거래로 보고 있다.

(2) 외국항행용역의 제공자가 비거주자 또는 외국법인의 경우

국내외에 걸쳐 용역이 제공되는 국제운송의 경우에 사업자가 비거주자 또는 외국법인인 때에는 여객이 탑승하거나 화물이 적재되는 장소를 거래장소로 보기 때문에 비거주자 또는 외국법인이 제공하는 외국항행용역은 여객이 탑승하거나 화물이 적재되는 장소가 국내인 경우에 한하여 부가가치세 납세의무가 있는 것이다.

또한, 영세율적용은 상호면세주의가 적용되므로 국내사업장이 있는 외국법인이 제공하는 외국항행용역에 대한 영세율은 다음과 같이 적용한다.

① 상호면세국일 경우 : 우리나라에서 여객이나 화물이 탑승 또는 적재되는 경우에 한하여 영(0)의 세율을 적용한다.

② 상호면세국이 아닐 경우

우리나라에서 여객이나 화물이 탑승 또는 적재되는 경우에 한하여 과세하며, 영(0)의 세율은 적용하지 아니한다(부가통칙 11-25-2). 즉, 일반세율(10%)을 적용한다.

(3) 운송주선에 의한 외국항행용역

운송주선업(운송주선업)자가 국제복합운송계약에 의하여 화주로부터 화물을 인수하고 자기책임과 계산하에 타인의 선박 또는 항공기 등의 운송수단을 이용하여 화물을 운송하고 화주로부터 운임을 받는 국제운송용역에 대하여는 외국항행용역과 항공법에 의한 상업서류송달용역에 대하여는 외국항행용역으로 보아 영세율을 적용한다.

이 경우 국제복합운송주선업자의 외국항행용역의 영세율적용범위는 다음과 같다.

① 운송주선업자가 국제복합운송계약에 의하여 화주로부터 화물을 인수하고 자기의 책임과 계산하에 당해 국제복합운송용역 중 일부를 다른 복합운송주선업자에게 위탁하여 화물을 운송하고 화주로부터 그 대가를 받는 경우 당해 국제복합운송용역은 부가가치세법시행령 제25조 제2항의 규정에 의한 외국항행용역에 포함된다.

② 운송주선업자가 국제복합운송계약에 의하여 국내출발지부터 도착지까지의 운송용역을 하나의 용역으로 연결하여 국제 간의 화물을 운송하여 주고 화주로부터 그 대가를 받는 경우에는 부가가치세법 제16조 제1항의 규정에 의하여 영세율 세금계산서를 발행하는 것이나, 국제복합운송용역과는 별도로 국내에서 국내로 화물운송용역을 제공하는 경우에 당해 국내운송용역에 대하여는 일반 세금계산서를 발행하여야 한다.

(4) 운송주선업자의 외국항행용역 영세율 적용 이유

운송주선업자의 국제복합운송용역에 대하여 외국항행용역으로 보아 영세율을 적용하는 이유를 살펴보면 다음과 같다.

① 외국항행용역은 자기계산하에 화물을 인수하여 화주에 대하여 자

50

기책임하에 국제 간에 화물을 운송하는 것을 말하는바, 그 화물을 자기 스스로 운항하는 선박 또는 항공기에 의하여 수송하는지 여부가 그 해당 여부를 판정하는 기준이 될 수 없으며,

② 상법 제116조 제2항에서는 운송주선인이 위탁자의 청구에 의하여 화물상환증을 작성한 때에는 직접 운송한 것으로 본다고 규정하고 있으며 한국표준산업분류표에서도 화물운송대행업(Freight Forwarding)을 운수업의 하나로 분류하고 있고,

③ 수송물량의 대형화·전문화 추세에 따라 국제 간의 운송개념이 "문전에서 문전(Door to Door)"으로 확대되어 복합운송형태로 바뀜에 따라 비선박운항사업자(Non Vessel Operating Common Carrier, Nvocc)를 단순한 운송주선업자가 아닌 운송인으로 보는 것이 국제적인 관행인 점을 고려하여

④ 선박·항공기 등의 운송수단을 보유한 사업자라도 자기의 운송수단이 없는 육로 또는 지선 등의 일부 구간에는 타인의 운송수단을 이용하여 수송하는 것은 불가피하며, 이러한 통운송의 경우 그 전체에 대하여 영세율을 적용하는 것이다.

④ 대가의 유무 : 외국항행용역은 그 용역의 대가를 외화로 받든지 또는 원화로 받든지에 관계없이 모두 영세율적용대상이 된다.

(5) 외국항행용역의 공급시기

항공기에 의한 외국항행용역의 공급시기는 역무의 제공이 완료되고 공급가액이 확정되는 때를 거래시기로 한다. 이는 외국항행운송 시 국제항공협약에 의하여 자기항공사 매표항공권에 한하여 탑승하는 것이 아니라 외국 및 타항공사의 항공권으로도 탑승할 수 있으므로 항공기가 목적지에 도착하였다 하여도 항공료수입은 국제항공운송협회(IATA)의 항공료 정산이 있어야만 알 수 있기 때문에 항공기의 외국항행용역은 용역의

완료시점이 공급시기가 되어도 과세표준의 신고가 불가능하므로 그 공급가액이 확정되는 시점을 공급시기로 보는 것이다.

(6) 외국항행용역의 세금계산서 발행

항공기에 의한 외국항행용역은 세금계산서 발행이 면제되지만, 선박에 의한 외국항행용역은 공급받는 자가 국내사업장이 없는 비거주자 또는 외국법인인 경우에만 세금계산서 발행의무가 면제된다.

3) 영세율 첨부서류

(1) 외항선박에 의한 운송용역의 경우

외화입금증명서가 원칙적인 서류이나 부득이한 경우에는 '선박에 의한 운송용역 공급가액 일람표(외화입금증명서로 제출한 공급가액 포함)'를 제출할 수 있다.

(2) 항공기에 의한 운송용역의 경우

공급가액확정명세서를 제출한다. 또한, 당해 서류를 복사하여 저장한 테이프 또는 디스켓을 영세율첨부서류제출명세서(전자계산조직에 의하여 처리된 테이프 또는 디스켓 포함)와 함께 제출하여도 된다.

(3) 타 외항사업자의 탑승권판매·화물운송계약을 체결하여 준 경우

공급자와 공급받는 자간의 송장집계표로 한다. 여기에서 송장집계표란 공급자와 공급받는 자간에 정하는 서식으로 일정기간의 거래내용을 기재하여 집계한 서류를 말한다.

(4) 국제복합운송용역

외화획득명세서에 영세율이 확인되는 증빙서류 등을 첨부하여 제출한다.

4

대가의 구분에 따른 영세율

1) 대가의 종류

항공화물 또는 해상화물이 통관되어 화주의 창고에 적재되기까지 수많은 비용이 발생하게 되는데 그 내용을 항공과 해상으로 구분하여 요약하면 다음과 같다.

항공화물 수수료 요약

구분		수수료항목	내용	징수주체
세관 통관 비용		관세, 부가세 등	통관 시 발생하는 세금	세관
		보세구역외 장치허가수수료	보세구역 외 장치허가 시 발생	
		검사수수료 (파출검사수수료)	자가보세창고 검사 시 발생	
		임시개청수수료	세관공무원근무시간 외 통관,보세운송을 하는 경우 발생	
		물품취급시간외 물품취급수수료	물품취급시간 외 물품을 취급하는 경우 발생	
기 타 부 대 비 용	하 역	조업료	항공기에서 하기장소까지 운송하여 브랙다운 하기까지	조업사
	보 관	보관료	보세창고 보관	보세창고업자
		THC	도착 후 발생화물 조작료	
		화재보험료	화재발생에 대비한 손해보험료	대한손해보험협회
	통 관	B/L Handling charge	B/L 발급비용	포워더
		검역신청수수료	정부수입인지대	검역소
		관세사수수료	관세사에 통관의뢰한 경우	관세사
	운 송	국내운송료	항공사 창고에서 포워더 창고 또는 화주가 지정창고까지 운송시발생	포워더

해상화물 수수료 요약

구분		수수료항목	내용	징수주체
세관 통관 비용		관세, 부가세 등	통관시 발생하는 세금	세관
		보세구역외 장치허가수수료	보세구역외 장치허가시 발생	
		검사수수료 (파출검사수수료)	자가보세창고 검사시 발생	
		임시개청수수료	세관공무원근무시간외 통관,보세운송을 하는 경우 발생	
		물품취급시간외 물품취급수수료	물품취급시간외 물품을 취급하는 경우 발생	
기 타 부 대 비 용	입 항	화물입항료 (WHARFAGE)	선박회사가 도착지항구에 대신하여 납부함	해운항만청
		THC (Terminal h/c)	도착후 생하는 터미널취급수수료	선박회사
		DOC(Document Charge)	선사가 화주에게 제공하는 서류비용을 보전하기위해 발생함.	
	하 역	하역료	본선에서 육상으로 하역	하역회사
		CFS조작비 (하차료)	CFS에 반입할 때 발생	
		검수료	검수, 검량이 필요할 때 발생	검정회사
	보 관	보관료	보세창고 보관	보세창고업자
		출고상차료	보세창고에서 출고하여 화물에 적재할 때 장비등 사용료	
		화재보험료	화재발생에 대비한 손해보험료	대한손해보험협회
	통 관	검사료	세관검사를 위한 CY노무자 인건비	CY업체
		검역신청수수료	정부수입인지대	검역소
		검역수수료	검역시 화주대신 입회하는 관세사 또는 포워딩 직원 인건비	관세사또는포워딩
		검역소독비	검역소 검역결과 소독명령을 받은 때 소독하는 약품비용	검역소
		관세사수수료	관세사에 통관의뢰한 경우	관세사
	운 송	국내운송료	항공사 창고에서 포워더 창고 또는 화주가 지정창고까지 운송시발생	포워더

2) 영세율적용대상 판단 기준

항공(해상)화물이 통관되기까지는 수많은 비용이 발생하고 각 단계에 발생한 비용들을 화주가 일일이 상대할 수 없어서 대부분은 포워더가 위임받아 각 단계에서 발생하는 비용을 화주에게 청구하고 관련된 징수주체에 지급하게 된다.

이렇게 복합운송주선업자는 본래의 업무인 운송주선에 따른 항공(해상)운임의 청구와 함께 화주에게 운송주선과 관련된 운임과 기타수수료(h/c, pick up chg, doc fee, 적하보험료 등)를 청구하게 되는데 실무상 대가의 구분에 따라 세금계산서 발행 시 영세율을 적용하여야 할지 일반세율을 적용하여야 할지에 대해 의문점이 생긴다.

만일, 영세율을 적용이 안 되는 수수료에 대하여 영세율을 적용하는 경우에는 사실과 다른 세금계산서로 보므로 세금계산서로서의 효력이 없음은 물론 가산세까지 부담하여야 하지만, 영세율적용대상 수수료에 대하여 일반세율의 세금계산서를 발행하는 것은 특혜를 포기한 것이므로 세금계산서로서의 효력은 유지하게 된다. 따라서 포워더가 제공하고 수수하는 운임과 기타수수료들의 성격에 따라 영세율적용 여부를 판단하여야 한다.

포워더란 문전에서 문전까지의 일관 운송용역을 제공을 목표로 하고 있으므로 화주입장에서 화물집하, 포장, 통관, 내륙운송, 선적, 하역, 등 모든 일련 과정에 대한 대가 지급을 각각의 용역상대방에게 제공하기 보다는 포워더에게 일괄하여 지급하는 것이 편리하다. 따라서 각각 의 용역대가를 포워더가 수수하면서 화주에게 세금계산서를 발행할 때 영세율과 일반세율을 어떻게 적용하여야 하는지에 대해 살펴보자.

여기에는 다음과 같은 두 가지 설이 있다.

(갑설) 운임은 외국항행용역에 직접 대응되는 대가이므로 영세율이 적용되고, 기타수수료는 그 대가의 수수가 국내에서 화주와 복합운송주선업자 간에 결정되므로 국내거래로 보아 과세를 적용한다.

(을설) 현행 부가세법상 부가가치세 과세표준이란 거래상대방으로부터 받은 대금, 요금, 수수료 기타 명목 여하에도 불구하고 실질적 대가관계에 있는 모든 금전적 가치가 있는 것을 포함하도록 규정하고 있고 기타수수료도 결국 외국항행용역을 수행하기 위한 부수 용역이므로 영세율을 적용한다.

이러한 대가의 구분에 따른 영세율적용 여부는 각 대가의 수수가 포워더가 운송주선인으로 제공하는 업무와의 연관성 여부에 따라 달라진다. 즉, 국제간화물의 운송주선의 복합운송주선업자가 자기책임과 계산하에서 화물의 해외운송을 위해 필요한 정도의 포장 및 기타서비스제공용역을 국제운송용역과 함께 일괄하여 제공하는 경우에는 국제운송용역을 위하여 필수적으로 부수되는 일로 보아 영세율을 적용하지만, 국내에서 제공되는 화물포장 및 기타서비스 제공용역이 국제운송용역과 구분되어 제공되는 경우는 국내운송용역과 동일한 성질의 것으로서 일반세율을 적용하여야 한다.

그런데 운임을 제외한 기타수수료의 성격을 보면 화물을 선적하기 위하여 보세창고까지 운송하는 비용이나 화물터미널에서 선적하기 위한 화물터미널사용료, 선적서류의 작성에 따른 서류작성료, 입하된 화물의 하역료나 입고료 등 모든 것이 국제간운송주선의 일련 과정에서 수반된 비용들을 화주에게 청구하는 것이다. 따라서 운송주선의 직접적인 대가인 항공(해상)운임과는 별도로 청구하는 것이 아니라 운송주선의 모든 과정을 통해 발생하는 수수료이므로 영세율적용이 타당하다고 하겠다.

다만, 화주의 창고에서 선적하기 위한 창고까지의 국내운송료 또는 수입된 화물을 화주의 문전까지 운송하여 주는 국내운송료가 영세율적용이 되는가에 의문을 가질 수 있는데 국제 간 운송주선은 문전에서 문전까지를 책임지고 운송주선하는 것이므로 내륙운송까지도 운송주선의 한 부분으로 보아야 하며, 수출하는 재화의 경우 수출하는 것이 확인된다면 몇 단계를 거치든 내국신용장이나 구매승인서에 의해 모든 단계가 영세율적용이 가능한 것처럼 포워더가 화주에게 청구하는 내륙운송료도 모두 영세율이 적용하는 것이 합리적으로 생각한다.

3) 수입화물의 국내운송료

외국에서 우리나라로 수입되는 화물을 운송주선 하는 경우 외국선박회사 또는 파트너십(partnership)을 가진 외국포워더의 B/L로 운송주선이 이루어지게 된다.

이 경우 수입화물을 국내 수입업자의 창고까지 운송할 때 국내포워더가 수입화주의 창고까지 내륙운송을 주선하게 되는데 이때 내륙운송료를 누가 부담하느냐에 따라 영세율적용과 세금계산서발행이 달라진다.

즉, 국내사업자가 외국으로부터 수입하는 재화에 대하여 국내포워더가 당해 수입재화의 도착항구에서부터 화주의 창고까지 국내운송용역을 제공하기로 파트너십을 가진 외국포워더와 계약을 체결하고 국내운송용역 대가를 외국환은행을 통하여 원화로 받는 경우 당해 대가에 대하여는 영세율이 적용되는 것이나, 국내포워더가 국내의 다른 포워더 또는 운송업자와의 하도급계약에 의하여 국내운송용역을 제공하는 경우 하도급받은 운송업체가 제공하는 운송용역은 국내거래로서 일반세율을 적용한 세금계산서를 발행하여야 한다.

또한, 국내포워더가 국제운송용역과는 별도로 국내에서 국내로 화물운송용역을 제공하고 그 대가를 받는 경우 당해 국내운송용역에 대하여는 당해 규정에 의한 영세율을 적용하지 아니한다.

(예규 4)

외국선박회사로부터 받는 내륙운송운임에 대한 영세율 적용 여부

질의 (사실 관계)

1) 외국선박회사(A)가 국외수출업자(B)와 복합운송계약을 체결하고 선하증권을 발행해 수입화물을 국내 수입업자의 창고까지 운송하기로 한다.

2) 당해 외국선박회사(A)는 화물을 수입국의 항만까지 운송한 후 국내도착지에서 최종도착지인 수입화주의 창고까지의 내륙운송용역은 복합운송주선업자로 등록한 국내사업자(갑)에게 도급을 주고 당해 도급을 받은 국내사업자(갑)는 자기의 책임과 계산으로 운송주선업을 수행한다.

3) 한편 수입화물의 내륙운송에 대한 운임은 해상 운임과 함께 외국선박회사(A)가 국외수출업자(B)로부터 수령한 후 내륙운송용역에 상당하는 금액을 국내사업자(갑)에게 지급하고 당해 국내사업자(갑)는 운송업자에게 지급하고 차액을 얻는다.

(질문내용)

국내사업자(갑)가 외국선박회사(A)로부터 수령하는 내륙운송운임에 대하여 부가가치세법 시행령 제25조 제2항의 규정에 의한 영세율이 적용되는지 여부

<u>혁신</u>　운송주선업자가 국제복합운송계약에 의하여 화주로부터 화물을 인수하고 자기책임과 계산하에 타인의 선박 또는 항공기 등의 운송수단을 이용하여 화물을 운송하고 화주로부터 운임을 받는 국제운송용역은 부가가치세법 제11조 제1항 제3호 및 같은법시행령 제25조 제2항의 규정에 따라 영의 세율을 적용하는 것이나, 운송주선업자가 국제운송용역과는 별도로 국내에서 국내로 화물운송용역을 제공하고 그 대가를 받는 경우 당해 국내운송용역에 대하여는 당해 규정에 의한 영의 세율을 적용하지 아니한다.

4) 부두이용료와 컨테이너세

컨테이너세(Container Tax)는 지방세법령 및 부산광역시세 조례에 의거 컨테이너화물 수송을 위한 항만 배후 도로건설재원으로 부산시가 컨테이너에 부과 징수하고 있는 지역계발세로서 2007년 1월1일부터 부산광역시세 조례의 개정으로 인해 더는 부과되지 아니하며, 부두이용료(wharfage)란 부두사용에 따른 부두수선유지비 등의 비용을 사용자가 부담하는 것으로서 포워더는 이를 화주에게 징수대행하여 선사에 지급한다. 국제간운송주선의 직접적인 비용이 아니므로 포워더의 과세표준에 산입할 수 없고 세금계산서 발행대상이 아니므로 영세율의 적용 여부를 따질 필요가 없다.

5

인바운드와 영세율 적용

국내포워더가 국내로 수입되는 화물에 대하여 수입화주에게 운송주선을 하는 경우 다음과 같이 그 운송주선에 따른 대가를 구분하여 받을 수 있다.

1) 대가를 국외운송업자 등에게 받는 경우

국내포워더가 국외운송업자 또는 국외운송주선업자의 국내대리인으로서 국외운송업자 등이 발행한 선하증권(B/L) 또는 항공화물운송장(A/W/L)을 수취하여 국내 수입업자에게 단순히 인도하고 운임을 징수하여 국외운송업자에게 송금하는 경우 당해 용역제공에 대한 대가를 국내수입업자에게 수취한 운임 등에서 일정금액을 제외하고 국외로 송금하여 그 차액을 수수하는 경우에는 운송주선에 따른 수수료는 국외운송업자 등에게 받은 것이므로 당연히 영세율 적용대상이다. 이때 국내운송에 따른 내륙운송료를 국외운송업자 등에게 받는다면 영세율을 적용하며, 국외운송주선과는 별도로 국내수입업자에게 받는다면 일반세율을 적용하여야 한다.

2) 대가를 국내 수입화주에게 받는 경우

국내포워더가 수입되는 화물의 운송주선과 관련하여 대가를 수입화주에게 받는 경우란, 운송인으로서의 지위를 가지고 수입되는 화물의 운임 등에 대하여 국내포워더가 자기의 책임과 계산하에 운송주선을 하는 경우로서 운임의 결정권한을 가지고 국내화주에게 운임 등을 청구하는 경우이다.

이처럼 국외운송업자 등이 결정한 운임을 징수대행하는 경우에는 징수대행에 따른 수수료를 국외운송업자에게 받는 것이지만 국내포워더가 수입화물에 대한 운임을 스스로 결정한다는 것은 운송주선에 따른 대가인 운임 등을 국내 수입화주에게 받는 것이므로 이때는 세금계산서를 영세율로 발행하여야 하며 내륙운송에 따른 국내운송료도 일관된 국제간운송주선의 한 부분이라면 영세율을 적용받을 수 있을 것이다.

3) 수입화물 세금계산서 발행요건

수입화물의 경우 (정확히는 Inbound의 Charge collect) 운임에 대하여 세금계산서를 발행하지 않아도 된다는 예규가 여러 차례 있었지만 수입화물의 경우에 수입화주에게 운임 등에 대하여 세금계산서를 발행하지 않으려면 다음과 같은 두 가지 요건을 갖추어야 한다.

① 국내포워더는 외국운송업자의 국내대리인으로서의 역할만을 한다.

② 운임을 징수하여 송금하는 대행자로서 대행수수료는 국외운송업자 등이 부담한다.

이처럼 두 가지 요건을 갖추는 경우 국내 운송주선업자는 운임의 결정권을 갖지 못하며 단순히 선하증권등을 수입업자에게 전달하고 화물을 인도하는 역할만을 하는 것이므로 운임에 대해 세금계산서를 발행할 수도 없고 Handling Fee와 Collect Charge Fee 외에는 수익으로 인식할 수도 없다. 왜냐하면 세금계산서의 발행에 있어서 용역의 공급자 또는 공급받는자 어느 한쪽이 국내에 사업장이 없는 비거주자 이거나 외국법인인 경우에는 세금계산서 수수가 불가능 하기 때문이다.

또한, 운송주선용역의 공급자가 외국의 운송업자(운송주선업자)인 경우 이미 정해진 운임을 국내운송주선인은 징수대행만 하는 것이므로 세금계산서 발행요건의 하나인 용역의 공급 대가가 국내운송주선인에게 귀속되는 것은 없으므로 세금계산서를 발행할 수도, 수익으로 인식할 수도 없다.

그러나 국내 운송주선업자가 화주에게 청구하는 운임의 결정권을 갖고 운임차액으로 사업을 영위한다면 세금계산서를 발행하고 운임 전체(총액주의), 또는 운임차액(순액주의)을 수익으로 인식하여야 할 것이다. 즉, 국내 운송주선인이 수입화물에 대해 운송주선용역의 실질적 공급자가 된다면 운임에 대해서도 세금계산서를 발행하고 수익인식을 하여야 할 것이다.

결국, 인바운드(Inbound)에서 운임의 결정권이 누구에게 있는가에 따라 예규를 합리적으로 적용하여야 할 것이다.

4) 관련 예규

<table>
<tr><td>(예규 1)

외국항행용역에 해당하는지 여부</td></tr>
</table>

(재소비-213, 2004.02.25)

질의 (1) 기존질의 현황

당사는 기업물류관리 종합 대행업을 영위하는 내국법인으로서, 제품을 생산하여 국내외에 판매하는 ○○법인과 물류관리업무 대행계약을 체결하고 동 계약에 따라 ○○법인이 생산한 모든 제품 및 A/S용 자재에 대하여 재고관리, 보관, 하역 및 운송 등 물류활동과 관련한 전반적인 업무를 대행하고 있습니다.

　　또한, 당사는 화물유통촉진법 제8조의 규정에 의한 복합운송주선업자로서 ○○법인의 모든 수출용 제품의 운송과 관련한 업무를 포괄적으로 위탁받아 수행하고 있는 바, ○○법인의 모든 수출용 제품을 당사가 인수하고 이들 제품의 수출과 관련한 국내 운송(○○법인의 공장 또는 창고로부터 공항까지 운송을 말함)은 복합운송주선업자로서 대행물량 전체를 당사가 직접 수행하며, 국외운송(국내 공항으로부터 수입국 목적지까지의 운송을 말함)은 일정부분을 당사가 직접 복합운송주선업자로서의 운송하고, 나머지 부분은 당사의 업무처리 하고 있습니다.

　　○○법인의 수출용 제품의 국외운송과 관련하여 당사와 화주인 ○○법인 및 다른 복합운송 주선업자와의 계약 관계를 도해하면 다음과 같습니다.

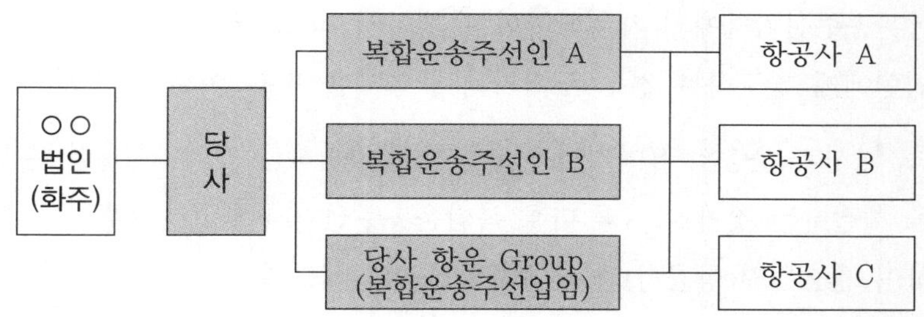

　　상기의 계약체계와 관련하여 다른 복합운송주선업자는 자신이 수행한 국제 운송용역에 대한 대가(항공사 등에 지불한 운송료 등과 일부 수수료)를 당사에 청구하고, 당사는 다른 복합운송주선업자에게 지불한 국제 운송용역 대가를 당사가 직접 수행한 국제운송용역의 대가에 포함하여 화주인 ○○법인에게 청구하고 있습니다.

　　한편, 국제운송용역을 다른 복합운송주선업자에게 재위탁한 경우에도 전체 운송과정에서 발생한 제품의 파손 또는 납기일의 미준수에 따른 손실 등 화주인 ○○법인에 대한 모든 책임은 당사가 부담하고 있습니다.

(2) 기존질의 관련 법규 등

부가가치세법 제11조 제1항 제3호 및 동법 시행령 제25조 제2항

(3) 기존질의 사항

상기와 같은 상황에서 복합운송주선업자인 당사가 화주에게 제공하는 국제운송용역과 관련하여 아래의 사항에 대한 부가가치세법상 처리에 대해 의문이 있어 질의합니다.

<질의사항 1> 화주인 ○○법인으로부터 제품을 직접 인수하고 인수한 제품의 운송과 관련한 모든 책임을 당사가 부담하면서 물량수급관계, 수화인이 지리적 여건 등 거래의 형편에 따라 국제운송용역의 일부를 다른 복합운송주선업자에게 재위탁하여 수행하게 하고 그 대가를 화주인 ○○법인에게 청구하는 경우 부가가치세 영세율 적용 여부

즉, 당사가 운송업자(여기서는 항공사를 의미하는 것임)와 직접 운송계약을 체결하는 것이 아니라 다른 복합운송주선업자에게 운송주선을 재위탁하여 운송업자(항공사)와 운송계약을 체결하도록 하는 경우 재위탁에 의한 운송 대가를 당사가 ○○법인에 청구 시(당사는 다른 복합운송업자에게 운송대금을 지불하며 또한 당사와 ○○법인 간의 계약내용에 따라 운송 대가를 ○○법인에 청구하는 것임) 면제하는지를 질의하는 것이며, 이는 복합운송주선업자가 다른 복합운송주선업자에게 운송주선을 재의뢰해도 이를 복합운송 주선업의 범주에 포함하여 동일하게 영세율 용역으로 볼 수 있는지가 쟁점임.

<질의사항 2> 당사와 같이 생산업자가 생산한 제품(국내판매용 및 수출용 제품)과 관련한 모든 물류관리 업무를 포괄적으로 대행하는 복합운

송주선업자가 수출용 제품의 국제운송과정에서 화주로부터 제품을 인수한 시점부터 국내의 선적지점까지의 국내운송용역에 대한 대가를 국외운송용역의 대가와 구분하여 청구하는 경우 동 국내운송용역의 대가에 대하여 부가가치세 영세율 적용 여부

당사는 ○○법인의 수출물량뿐만 아니라 내수물량에 대해서도 포괄적 물류대행업무를 수행하는 바, 수출물량의 국내운송(공항까지의 운송)부분은 내수물량의 운송과 다를 바가 없다고 판단되며 운송업자와의 계약 편의나 물류비의 절약차원에서 내수물량의 운송을 담당하는 운송업자와 수출물량의 국내운송부분에 대해서도 동일한 계약을 체결하고 있는바, 당사와 계약을 체결하고 있는 운송업자는 수출물량의 국내운송분에 대해 일반 세금계산서를 당사에 발행하고 있는데 당사가 ○○법인에 수출물량의 국내운송에 대한 대가를 청구 시 영세율 세금계산서를 발행하여야 하는지 아니면 일반 세금계산서를 발행하여야 하는지 여부

최신 유사사례 참조

- 복합운송주선용역이 영세율 대상인 외국항행용역에 해당하는지 여부
(재소비 46015-169, 2000.6.2)

운송주선업을 영위하는 사업자가 국제복합운송계약에 의하여 화주로부터 화물을 인수하고 타인의 운송수단을 이용하여 화주에 대하여는 자기책임과 계산 하에 외국으로 화물을 운송해 주고 화주로부터 받는 대가는 외국항행용역에 해당하는 것임.

운송주선업을 영위하는 사업자가 국제복합운송계약에 의하여 화주로부터 화물을 인수하고 타인의 운송수단을 이용하여 화주에 대하여는 자기책임과 계산하에 외국으로 화물을 운송해 주고 화주로부터 받는 대가는 부가가치세법 제11조 제1항의 규정에 의한 외국항행용역에 해당하는

것임.

(예규 2)

타 복합운송계약의 승계 및 국내운송과 국외운송의 계산서 발생 여부

질의 1. 당사가 타 운송주선업자에게 다시 당사와 화주 간의 계약을 일부 재의뢰하는 경우에 당사가 화주로부터 받는 대가에 대해 영세율을 적용할 수 있는지. 질의사항을 보다 분명히 하면 당사가 화주와 복합물류운송계약을 체결하고 화물에 대한 모든 책임을 당사가 부담만 하면 당사가 다른 운송주선업자에게 계약의 일부를 승계하여도 당사가 화주에게 영세율세금계산서를 발부하여도 되는가의 여부.

2. 화주로부터 의뢰받은 동일 수출물량에 대하여 국내운송부분(화주의 공장부터 공항까지)과 국외운송부분(공항에서부터 외국까지)을 구분하여 각각 일반세금계산서와 영세율세금계산서를 발행할 수 있는지.에 대해, 동일수출물량에 대해서도 계약조건에 따라 각각 세금계산서의 종류를 구분하여 발행하여도 되는지.

회신 1. 운송주선업자가 국제복합운송계약에 의하여 화주로부터 화물을 인수하고 자기의 책임과 계산하에 당해 국제복합운송용역 중 일부를 다른 복합운송주선업자에게 위탁하여 화물을 운송하고 화주로부터 그 대가를 받는 경우 당해 국제복합운송용역은 부가가치세법시행령 제25조 제2항의 규정에 의한 외국항행용역에 포함된다.

2. 운송주선업자가 국제복합운송계약에 의하여 국내출발지부터 도착지까지의 운송용역을 하나의 용역으로 연결하여 국제 간의 화물을 운송하여 주고 화주로부터 그 대가를 받는 경우에는 부가가치세법 제16조

제1항의 규정에 의하여 영세율세금계산서를 발행하는 것이나, 국제복합운송용역과는 별도로 국내에서 국내로 화물운송용역을 제공하는 경우에 당해 국내운송용역에 대하여는 일반 세금계산서를 발행하여야 한다.

> **(예규 3)**
> 타인의 선박을 이용하여 화물을 운송하고 대가를 받는 경우 영세율 적용 여부

(서삼 46015-10821, 2003.5.19)

운송주선업을 영위하는 사업자가 국제복합운송계약에 의하여 타인의 선박 등의 운송수단을 이용하여 화물을 운송하고 받는 대가는 영의 세율이 적용되는 것임.

질의 자기의 책임과 계산하에 국내항에서 국외항까지 타인의 선박을 이용하여 화물을 운송하고 화주로부터 운임을 받기로 한 운송주선업자(갑)가 다른 운송주선업자(을)에게 도급을 주어 도급받은 "을"이 "갑"이 인수한 화물을 자기책임과 계산하에 국내항에서 국외항까지 타인의 선박을 이용하여 화물을 운송하고 그 대가를 "갑"으로부터 받는 경우 "갑"과 "을"의 영세율 적용 여부

회신 운송주선업을 영위하는 사업자가 국제복합운송계약에 의하여 화주 또는 다른 운송주선업자로부터 화물을 인수하고 자기책임과 계산하에 타인의 선박 등의 운송수단을 이용하여 화물을 운송하고 화주 등으로부터 받는 대가는 부각가치세법(제11조 제1항 및 같은법시행령 제25조 제2항)에 의하여 영세율이 적용된다.

*참조 : 부가가치세법 제7조 (용역의 공급))

(예규 4)

외국운송업자의 용역제공에 대해 운송주선업자가 세금계산서를 발행 여부

(부가46015-735, 2000.04.03)

외국운송업자가 발행한 선하증권 또는 항공화물운송장을 수취하여 국내 수입업자에게 단순히 인도하고 운임을 징수하여 외국운송업자에게 송금하는 경우에 당해 운임에 대하여는 외국운송업자가 제공하는 용역으로서 운송주선업자가 세금계산서를 발행할 수 없다.

질의 예규(부가 46015-1660, 1999.6.11)에 의하면 운송주선업자가 국외운송업자의 국내대리인으로서 국외운송업자가 발행한 선하증권 및 항공화물운송장을 수취해 국내수입업자에게 단순히 인도하고 운임을 징수해 해외운송업자에게 송금하는 경우, 당해 국외운송용역에 대해서는 세금계산서의 발행의무가 없다고 한다.

1. 이 경우 국내수입업자는 항공운임을 비용으로 인정받기 위해서 지출증빙서류의 수취 특례(부가가치세법 시행령 제57조 제3호)에 따라 은행 등 금융기관을 통한 송금명세서를 제출하여야 하는지?

2. 운송주선업자가 영의 세금계산서를 발행한다면 부가가치세법에 위배되어 운송주선업자와 수입업자에게 영향을 미치는지?

회신 운송주선업을 영위하는 사업자가 국내사업장이 없는 외국운송업자의 국내대리인으로서 외국운송업자가 발행한 선하증권 또는 항공화물운송장을 수취하여 국내수입업자에게 단순히 인도하고 운임을 징수하여 외국운송업자에게 송금하는 경우에 당해 운임에 대하여는 외국운송업자가 제공하는 용역으로서 운송주선업자가 부가가치세법 제16조 제1항의

규정에 의하여 세금계산서를 발행할 수 없는 것이며, 운송주선업자가 당해 운임에 대하여 세금계산서를 발행한 경우에는 동법 제22조 제3항의 규정에 의한 매출처세금계산서합계표 관련 가산세가 부과된다.

6

Co-Loading

Co-Loading이란 두 개 업체 이상의 복합운송업체가 서로의 화물을 모아서 하나의 컨테이너에 적입하여 선적하는 것을 말한다. 이는 하나의 복합운송업체가 두 개 업체 이상 화주의 화물을 모아서 컨테이너에 적입하는 혼재작업(Consolidate)과 차이가 있다.

포워더의 업무 중에는 컨테이너선 운송 단위인 컨테이너 한 대를 채우지 못하는 LCL화물(소량화물)을 모아서 한대의 컨테이너를 만들어 운송하는 것이 있는데 이러한 업무만을 전문적으로 영위하는 포워더를 콘솔포워더 또는 콘솔사라고 한다.

콘솔포워더가 자체적으로 집하한 LCL화물이 FCL화물로 혼재되기에 부족한 경우, 동일 목적지의 LCL화물을 보유하고 있는 타 포워더에게 공동혼재(Joint Consolidation)을 의뢰하여 상호물량 교환을 통하여 한 개의 컨테이너를 채우게 되는데 이러한 행위를 코로드(Co-Load)라고 한다.

복합운송주선업자는 소량의 화물을 집하하여 콘테이너화 할 수 있는 혼재사업자에게 Co-loading하거나 포워더 자신이 운송주선의 용역을 수행하지 않고 좋은 조건의 운임 요율을 받을 수 있는 다른 포워더에게 운송주선을 의뢰할 수 있다.

즉, 자신이 콘솔포워더가 될 수도 있고 다른 콘솔포워더에게 운송주선을 의뢰할 수도 있는 것이다. 이 경우 다른 포워드에게 코-로드(Co-Load)를 의뢰한 포워더는 화주로부터 수수한 운임 등을 다른 포워더에게 지급하게 되는데 이때 영세율적용과 세금계산서의 수수의무에 대해 살펴보면 다음과 같다.

① 포워더 자신의 책임과 계산하에 운송주선이 이루어진다면 여러 단계의 Co-Loading이 이루어진다 해도 화주에게 영세율적용세금계산서를 발행할 수 있다.

② 국제 간 운송주선의 일부로서 다른 포워더에게 코로드(Co-Load)하는 경우 양쪽 포워더 간에도 영세율로 세금계산서를 발행하여야 한다.

7

영세율 첨부서류

1) 영세율 첨부서류의 제출

영의 세율을 적용받고자 하는 사업자는 반드시 부가가치세법 시행령 제65조 제3항 본문에 정한 영세율 첨부서류를 제출하여야 한다. 다만, 아래와 같은 부득이한 사유가 있는 경우에는 국세청장이 지정한 서류로서 이에 갈음할 수 있다.

① 부가세법 시행령이 지정한 서류가 없을 경우
② 신고기한 내 서류 발급관서의 사정으로 제출할 수 없는 때
③ 기타 영세율 적용 사업자에게 귀책사유가 없을 때

2) 법정서류를 제출할 수 없는 때의 첨부서류

사업자가 법령 또는 훈령에서 정한 서류를 제출할 수 없는 경우에는 영세율 규정에 의한 외화획득명세서에 당해 외화획득내역을 입증할 수 있는 증빙서류를 첨부하여 제출한다.

3) 영세율 첨부서류를 제출하지 아니한 경우

영세율첨부서류를 제출하지 아니한 경우에도 당해 거래과 영세율 적용대상임이 확인 되는 경우에는 영의 세율을 적용한다. 그러나 영세율과 세표준 신고불성실 가산세(공급가액의 1%)는 적용한다.

4) 복합운송주선업자의 영세율 첨부서류

현행 부가가치세법 기본통칙에서는 외국항행용역의 영세율 첨부서류를 다음과 같이 규정하고 있다.

① 외국항행선박에 의한 화물 또는 여객운송용역의 경우에는 외화입금증명서. 다만, 부득이한 경우에는 국세청장이 지정하는 서류인 "선박에 의한 운송용역공급가액 일람표"로 갈음할 수 있다.

② 다른 외국항행사업자의 탑승권만을 판매하거나 화물운송계약을 체결하는 경우 공급자와 공급받는 자간의 송장집계표

해상에 의한 복합운송주선업의 영세율 과세표준의 경우 외화입금증명서를 제출하기란 어려운 일이다. 왜냐하면, 해상수출운송주선의 경우 해상운임 등을 수출업자에게 받는 경우(Freight Prepaid)에는 운임을 원화로 환산하여 국내 수출화주에게 영세율 세금계산서를 발행하고 있으므로 외화입금증명서를 받을 수 없으며, 해상운임 등을 수입업자에게 받는 경우(Charge Collect)에는 당해 해상운임을 수입업자가 수출국의 복합운송주선업자와 파트너십 관계에 있는 수입업자의 복합운송주선업자 등에게 지급하게 되고, 양 국가의 포워더 사이에는 보통 1~2개월간 대금결제에 대한 신용기간을 제공하게 되므로 부가가치세 신고 시 영세율 과세표준에 대한 외화입금이 불가능하다.

따라서 외화입금증명서 대신 "선박에 의한 운송용역공급가액 일람표"를 첨부서류로서 제출하는 것이 일반적이다.

항공에 의한 복합운송주선업의 영세율 과세표준의 경우에는 현재 부가가치세법이 영세율 첨부서류를 구체적으로 명시하고 있지는 않다. 다만, 외화획득명세서에 영세율이 확인되는 증빙서류를 첨부하여 제출하면 되는데 이때 증빙서류는 외화를 획득하기 위해서 화물운송주선을 한 내용을 밝혀주는 서류면 될 것이다.

그중 한 가지가 "공급가액확정명세서"인데 공급가액확정명세서는 여객수입, 화물수입, 수화물 수입, 우편물수입, 기타수입으로 그 공급내역을 세세히 구분하고 있어 화물주선용역을 제공한 복합운송업자가 작성하여 제출하는 경우 국세청장 지정서류로서 영세율 첨부서류의 역할을 한다.

한편, 복합운송주선업자의 과세표준은 두 가지로 구분되는데, 한가지는 국내 화주에게 운임 등을 청구하면서 영세율 세금계산서를 발행한 부분과 국외 화주에게 받는 세금계산서 발행면제분에 해당하는 부분이 있다. 영세율 과세표준 총액에 대해 영세율 첨부서류를 제출하는 것이 원칙이지만 국내 화주에게 영세율로 세금계산서를 발행하는 양이 업종의 규모나 종업원 수보다 방대하며 각 공급가액도 대부분 소액이기 때문에 영세한 업종의 형편상 영세율 첨부서류를 작성하는데 많은 어려움이 있다.

따라서 영세율 첨부서류의 제출 취지가 영세율 대상 공급인가를 확인, 검증하는 데 있으므로 국외에서 받는 공급가액만을 영세율 첨부서류로 제출하도록 하는 것이 납세비용을 줄이는 데 도움이 되리라 생각한다.

8

영세율 관련 예규와 판례

예규 복합운송주선업자가 용역을 제공하고 대가를 받는 경우 어느 범위까지 영세율이 적용되는지를 다음과 같은 예규 등을 통해 알아보기로 한다.

(예규 1)

복합운송주선업의 항공운송대리용역의 영세율 세금계산서 발행대상 여부

(부가46015-4794, 1999.12.3)

질의 부가가치세법 제11조 제1항 제3호에 따르면 "선박 또는 항공기의 외국항행용역"은 부가가치세 영세율이 적용되고 동법 기본통칙 11-25-1의 제1항 제3호에 따르면 "운송주선업을 영위하는 사업자가 국제복합운송계약에 의하여 화주로부터 화물을 인수하여 자기 명의로 선하증권, 항공화물운송장 등을 발급하고 타인의 운송수단을 이용하여 화주에 대하여는 자기책임하에 국제 간에 화물을 수송해 주고 화주로부터 운임을 받는 경우의 국제 간 이용 운송용역은 외국항행용역에 해당하는 것으로 보아 영세율을 적용하고 있음.

동 규정에 따르면 법조문에서는 외국항행용역에 대하여 영세율을 적용하고 동법 기본통칙에서 법 조항을 확대하여 해석하여 복합운송주선업을 외국항행용역에 속하는 것으로 보아 영세율을 적용하도록 규정하고 있음.

또한, 부가가치세법시행령 제57조 제3호의 규정에서는 항공기의 외국항행용역에 대하여 세금계산서발행의무를 면제하고 있음. 동법시행령에서는 선박의 외국항행용역에 대하여는 언급이 없고, 항공기의 외국항행용역에 대하여만 세금계산서발행의무를 면제하고 있음. 앞의 영세율규정과 기본통칙 규정을 세금계산서발행의무면제규정에 유추적용하건대(법조문 상 외국항행용역을 기본통칙에서 복합운송주선업으로 확대해서 규정) 항공기에 의한 복합운송주선업에 대하여는 세금계산서발행의무면제가 가능하다고 생각함. 실무상 항공복합운송주선업의 매출은 형태에 따라 다르지만 두 가지로 구분할 수 있음.

첫째는 화주와 항공사 간에 화물을 주선하면서 발생하는 운임차액이고, 둘째는 항공사의 대리점 역할수행에 대한 대가로 항공사로부터 지급받는 운임의 5%에 상당하는 수수료(Commission)로 영세율세금계산서발행 대상임.

첫째에 해당하는 항공운임에 대하여는 세금계산서발행의무가 면제되는지에 대하여 명확한 지침이 필요함.

- 실무상 혼란이 많은 문제인 항공기에 의한 복합운송주선업의 경우 세금계산서발행의무면제가 가능한지

- 부가가치세법기본통칙 11-25-1 제1항 제3호의 확대해석(복합운송주선업을 외국항행용역에 포함)은 타당한 것인지.

최신 다음과 같은 예규(재경원 소비 46015-84, 1995.4.15) 참조

운송주선업을 영위하는 사업자가 국제복합운송계약에 의하여 화주로부터 화물을 인수하여 자기명의로 항공화물운송장 등을 발급하고 자기책임하에 타인의 운송수단을 이용하여 출발지에서 도착지까지 운송용역을 하나의 용역으로 연결하여 국제 간의 화물을 운송하여 주고 화주로부터 화물운송용역에 대한 대가를 받는 경우 당해 운송주선업을 영위하는 사업자는 화주에게 부가가치세법 제16조 제1항의 규정에 의하여 운송용역의 대가에 대하여 세금계산서를 발행(공급받는 자가 국내에 사업장이 없는 비거주자 또는 외국법인인 경우 제외)하여야 하는 것임.

76

> **(예규 2)**
> 국제복합운송주선업자가 국내에서 국내로 화물운송용역을 공급하고
> 대가를 받는 경우 부가가치세 영세율적용대상 여부

(부가46015-2214, 1999.7.30)

질의 본인은 국제 간 화물을 운송하는 국제복합운송주선업을 영위하고 자 한다. 그러나 국제선 항공편이 없는 울산에 사업장이 있어 건설교통부에 복합운송주선업등록을 하지 않고 서울에 소재하는 국제복합운송주선업허가를 받은 업체와 계약에 의해 일부 구간(울산→서울)만을 본인이 책임지고 나머지 구간(서울→외국)은 등록된 서울업체가 책임을 질 경우 본인이 제공한 용역에 대해 영세율이 적용될 수 있는지.

회신 사업자가 국내에서 국내로 화물운송용역을 공급하고 그 대가를 받는 경우에는 부가가치세 영세율이 적용되지 아니하는 것임.

> **(예규 3)**
> 복합운송주선업자가 국제간 운송을 주선하고 창고료, 하역료 및 운송료
> 등을 선대납하고 후에 일괄송금하는 경우 부가가치세 과세표준 계산

(부가46015-800, 1999.3.25)

질의 당사는 화물유통촉진법 제8조의 규정에 따라 건설교통부장관으로부터 복합운송주선업 면허를 취득하여 외국항행운송주선을 주업으로 하는 업체임. 해당 매출은 부가가치세법상 제11조 제3항에 의거 영세율 매출에 해당하나 최근 화주들의 요구에 맞추어 수입된 화물을 화주가 지정하는 장소까지 보세운송 또는 통관운송 등 종합서비스(total service) 하

는 경우가 많으며,

이때 화주가 전적으로 부담하는 창고료, 하역료, 통관수수료, 운송료 등을 화주에 대한 서비스 차원에서 그 대금을 우선 당사가 선 대납한 후 나중에 대납한 금액을 일괄수금하는 거래형태일 경우 아래와 같이 질의함.

1. 상기 항목 창고료, 하역료, 통관수수료, 국내운송료 등의 지불시 상기 항목에 대한 대응매출을 발생시키지 않으면서 당사가 공급받는 자가 되어 매입세금계산서를 발행받을 수 있는지.

2. 창고, 하역, 통관수수료, 국내운송료 등은 각각 해당 법령에 의한 건설교통부의 면허사업인바 당사가 면허가 없고 또한 사업자등록증 상의 업종에도 없는 상기 항목에 대하여 매출세금계산서를 화주에게 발행할 수 있는지.

3. 복합운송주선업 면허업자일 경우 운송에 관련된 제반업종에 대하여 조건 없이 매출 및 매입 세금계산서를 수취할 수 있는지.

회신 복합운송주선업을 영위하는 사업자가 국제복합운송계약에 의하여 화주로부터 화물을 인수하여 자기책임하에 출발지에서 도착지까지 운송용역을 하나의 용역으로 연결하여 국제 간에 화물을 운송하여 주고 화주로부터 대가를 받는 경우 거래상대방으로부터 당해 운송용역의 공급과 관련된 대가관계에 있는 모든 금전적 가치 있는 것은 부가가치세과세표준에 포함하는 것임.

> **(예규 4)**
>
> 복합운송주선용역이 영세율 대상인 외국항행용역에 해당하는지 여부

(재소비 46015-169 2000.6.29)

운송주선업을 영위하는 사업자가 국제복합운송계약에 의하여 화주로부터 화물을 인수하고 타인의 운송수단을 이용하여 화주에 대하여는 자기책임과 계산 하에 외국으로 화물을 운송해 주고 화주로부터 받는 대가는 외국항행용역에 해당하는 것임

질의 부가가치세 업무처리에서 여러 가지 해석상 차이점이 발생하여 다음과 같이 질의함. 당사는 화물유통촉진법 제2조에 의한 국제복합운송주선용역을 제공하고 그에 대한 제반운임 등을 수령하여 운영하는 사업체임.

당사의 업무흐름은 아래와 같이 화주(송하주)로부터 국제화물운송을 의뢰받아 당해 화물을 선박이나 항공기에 선적하여 국제운송주선용역을 제공해 주고 있는바, 이는 상법 제116조 및 제117조에 의거하여 당사의 책임과 계산하에 화물을 인수하고 운송업자의 운송수단(육로, 철로, 항로, 해로 등)을 이용하는 복합운송주선용역을 제공하는 것을 뜻함.

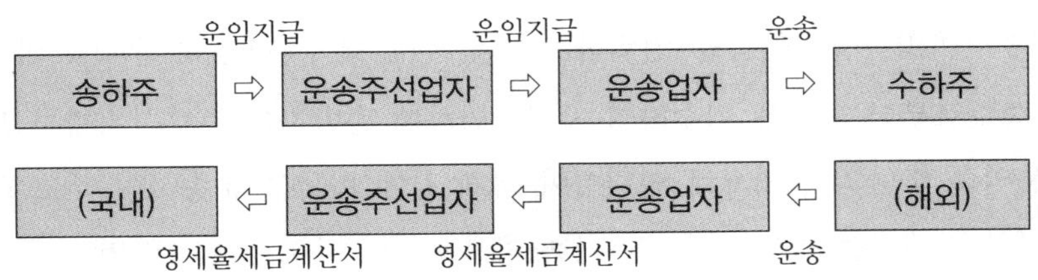

또한 당사는 여러 가지 제약 때문에 건설교통부(현재는 서울특별시)에 복합운송주선업을 등록을 하지 못했으나 이는 사업에 전혀 지장이 없고 운송주선용역 제공 시 운송업자(선사 및 항공사)의 B/L (즉, 선하증권)을 발행받아 당사의 책임과 계산으로 화주에게 일관 복합운송주선용

역을 제공해 주고 있습니다.

부가치세법 제11조 제1항 제3호 및 동법 시행령 제25조 규정에 의한 외국항행용역은 영세율 적용토록 하고 있고 부가가치세법 기본통칙 3-4-1...11에 의해 외국항행용역에는 복합운송주선업을 포함토록 하고 있습니다.

과세관청은 구 해운법에 의한 해상운송주선업자로 등록치 아니하여 자기 명의로 선하증권을 발급할 수 없는 운송주섭업자가 타인의 선박을 이용하여 국제간의 화물운송주선용역을 제공하는 경우에는 영세율이 적용되지 않는다(부가22601-2313(1986.12.23), 부가46015-484(1995.3.11))하므로 예규(부가46015-1309. (1999.5.7))를 참고토록 통지하였습니다.

그러나 구 해운법과 항공법상 운송주선 관련 규정은 1993년도 폐지되고 화물유통촉진법이 제정되어 새로운 운송주선에 관한 규정이 신설된 바 있으며 현재 동 법에 복합운송주선업을 영위하는 자가 반드시 B/L을 발급한다는 규정도 없습니다.

화물유통촉진법 제2조의 복합운송주선업의 정의를 보면 "타인의 수요에 용하여 자기의 명의와 계산으로 타인의 선박, 항공기, 철도차량, 자동차등 2가지 이상의 운송수단을 이용하여 화물을 운송주선하는 것"이라고 규정하고 있습니다. 또한, 상법 제114조에도 "운송주선인은 자기의 명의로 물건운송의 주선을 영업으로 하는 자"라고 하였고 상법 제115조에는 "운송주선인은 운송물의 수령, 인도, 보관, 기타 운송주선에 관한 책임을 진다."라고 규정하고 있습니다.

국내기업의 복합운송주선업은 누구든지 국내의 상대(수출입 상대 지역의 복합운송주선인)와의 계약으로 사업할 수 있으므로 미등록에 따른 업무상 제한이 전혀 없고 단지 과태료의 부담이 있을 뿐인바 동 업계 전체가 등록 여부와 관계없이 수십 년 전부터 영세율을 적용해 왔습니다. 이러한 복합운송주선용역을 영세율 적용하는 이유는 운송주선입자가 본인의 계산하에 화물을 인수하여 화주에 대하여는 본인의 책임하에 국제운송주선용역을 제공하기 때문입니다(부가가치세실무해설. 김형환).

그러나 대부분 과세관청이 영세율 규정 해석에 가장 중요한 외국항행용역의 개념들을 무시하고 관례상 자기 발행의 선하증권(House B/L)이 있는지의 여부만으로 영세율 적용 대상을 단순 판단하고 있습니다.

외국항행용역의 영세율 적용은 복합운송주선용역 그 자체를 적용 대상으로 하며 운송주선인의 자기 명의와 계산의 의미는 송하주의 화물이 해외 수화주에게 도착될때 까지의 책임 여부로 판단해야 함이 상법동 제반 규정에서 명확히 확인됩니다.

또한, 복합운송주선용역은 상법상 운송인의 규정과 같이 거래의 형편이나 물량의 수급관계로 운송업자(선사 및 항공사)의 선하증권인 Master B/L이나 다른 복합운송주선인의 선하증권인 Forwarder B/L 등을 모두 사용하여 수출입화물에 대한 운송주선용역을 제공할 수 있도록 되어 있습니다. 더욱이 중동 등 특정국가에서는 운송업자의 Master B/L 외에는 운송서류로 인정되지 않아 통관이 불가능한 바, 단지 B/L 발급 여부만으로 복합운송주선용역을 구분하겠다는 그 자체가 무의미합니다.

이는 수출하는 재화에 대해 영세율을 적용함에 있어서 무역업등록 여부, 통관서류의 적정 여부, 기타 통관 물품의 종류에 관계없이 요건만 충족 시 모두 영세율이 적용됨과 같습니다.

따라서 운송주선인이 자기 책임과 계산하에 제공되는 모든 복합운송주선용역은 영세율 대상인 외국항행용역의 일부로 생각하는바 이에 대한 해석에 대하여 질의함.

회신 운송주선업을 영위하는 사업자가 국제복합운송계약에 의하여 화주로부터 화물을 인수하고 타인의 운송수단을 이용하고 화주에 대하여는 자기책임과 계산하에 외국으로 화물을 운송해 주고 화주로부터 받는 대가는 부가가치세법 제11조 제1항의 규정에 의한 외국항행용역에 해당하는 것임.

(예규 5)

국제복합운송주선업자의 부가가치세과세표준

(부가46015-61, 2001.1.8)

질의 (주)×××해운은 국내의 송화주와 계약을 맺어 자기의 선박 없이 화물을 외국으로 수송하는 복합운송주선업을 영위하고 있는바 영업활동을 그림으로 나타내면 다음과 같음.

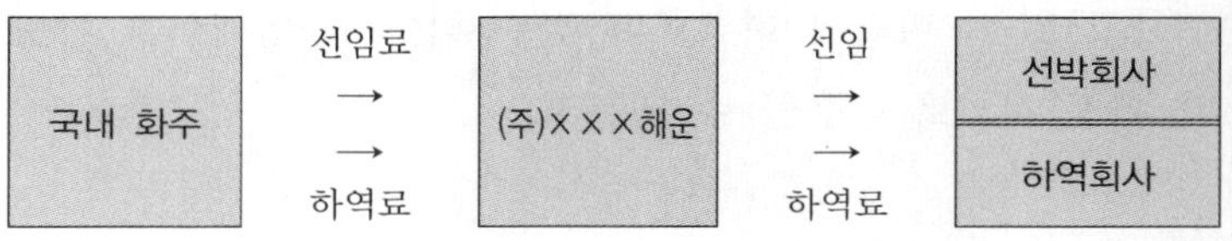

질의 1. 하역료도 영세율의 대상이 될 수 있는지.

(갑설) 하역료도 당연히 영세율의 적용대상이 된다.

(이유) 예규(부가46015-800, 1999.3.25)에 따르면 국제복합운송계약에 따라 화주로부터 화물을 인수하여 자기의 책임하에 국제 간에 화물을 운송하여 주고 대가를 받는 경우 당해 운송용역은 영의 세율을 적용하며 이 경우 부가가치세과세표준은 운송용역과 대가관계에 있는 모든 금전적 가치를 포함한다고 되어 있는데 ×××해운의 경우 화주와의 계약서(보통 인보이스로 대체된다)에 의하면 선임 외에도 Wharfage(입출항수수료),

Document Fee(서류작성료), 하역료 등도 하나의 계약에 의해 이루어지기 때문임.

(을설) 하역료는 영세율적용대상이 아니다.

(이유) 부가가치세법은 선박의 외국항행용역에 대해서만 영세율을 적용하는 것이고 수출화물의 하역은 운송용역과는 별개로 이루어지기 때문임. 따라서 선박의 외국항행용역과 직접 관련이 없는 입출항수수료, 서류작성료, 하역료 등은 영세율의 대상이 될 수 없고 일반세금계산서를 발행하여야 한다.

질의 2. "갑설"이 맞다면 영세율첨부서류는 무엇인지.

복합운송주선업의 경우 영세율첨부서류는 외화획득명세서에 영세율이 확 인되는 증빙서류를 첨부하여 제출한다(부가가치세법기본통칙 3-8-9⋯11, 부가 46015-1247)고 되어 있음. 당사의 경우 인보이스와 같이 선임입출항수수료, 서류작성료는 외화로 영수하나 하역료의 경우는 통상 원화로 수취하고 있음. 따라서 하역료의 경우 외화획득명세서를 작성할 수 없는 바 어떤 서류로 갈음할 수 있는지.

1. 운송주선업을 영위하는 사업자가 국제복합운송계약에 의하여 화주로부터 화물을 인수하여 자기 명의로 선하증권·항공화물운송장 등을 발급하고 타인의 운송수단을 이용하여 화주에 대하여는 자기책임하에 출발지에서 도착지까지 운송용역을 하나의 용역으로 연결하여 국제 간에 화물을 운송해주고 화주로부터 운임을 받는 경우의 국제 간 이용 운송용역은 부가가치세법 제11조 제1항 제3호의 규정에 의하여 영의 세율이 적용되는 것이며, 이 경우 부가가치세과세표준에는 하역료를 포함하여 거래상대자로부터 받은 대금·요금·수수료 기타 명목 여하에 불구하고 대가관계가 있는 모든 금전적 가치 있는 것을 포함하는 것임.

2. 귀 "질의 2"의 경우는 영세율첨부서류로 외화획득명세서에 영세율을 확인되는 증빙서류를 첨부하여 제출하여야 하는 것임.

(예규 6)

과세표준 범위

(서면3팀-161, 2008.01.18)

당사는 인터넷에 일본유아용품을 게시하고 국내구매자가 일본유아용품의 구매를 원할 경우 일본에서 재화를 구입하여(구매대행) 구매자에게 재화를 배송하여 주는 일을 사업으로 하고 있음. 국내 통관시 수입신고상의 납세의무자는 당사가 아니고 국내구매자이어서 관세 및 수입부가세의 납세의무자도 국내구매자임.

국내구매자는 구매요청과 함께 계좌이체 및 신용카드 등으로 당사에 대금을 지급하며 그 대금에는 물품구입가격, 일본운송료, 국제운송료, 수입관세, 수입부가세 그리고 당사의 수입대행수수료가 포함되어 있음.

국내 구매자가 지급한 대금과 실지 구매대행으로 지출한 금액이 환율의 급격한 변동 및 관세율의 개정등으로 차이가 클 경우 국내 구매자의 요청에 의해서 정산될 수 있음

질의 부가가치세 과세표준에 포함되어야 할 금액은?

(갑설) 재화 대금지급은 재화를 구매하는 사람이 지급해야 할 것을 당사가 받아서 대신 지급하는 것이고 수입대행수수료만이 구매대행의 대가로 받은 것이므로(당사 매출) 수입대행 수수료만이 부가가치세 과세표준에 해당함.

(을설) 재화를 대신 구입하여 국내에 배송하는 사업이므로 수입대행수

수료 외에 운송을 주선하는 대가(국내구매자로부터 받은 운송료에서 실제 지출된 운송료의 차이)도 부가세 과세표준에 포함하여야 한다. 단 차이가 정산이 될 경우는 운송을 주선하는 대가는 0이므로 수입대행수수료만이 부가세 과세표준이 된다..

(병설) 수입대행수수료와 국내구매자로부터 받은 운송료전체(배송하는 총금액)가 부가 가치세 과세표준이며 실제 발생한 운송료중 국내운송료는 세금계산서를 받아 매입세액으로 공제받으면 된다.

회신 사업자가 자기의 책임과 계산하에 부가가치세가 과세되는 재화나 용역을 제공하고 그 대가를 받는 경우 그 대가의 합계액이 당해 사업자의 부가가치세 과세표준이 되는 것으로, 귀 질의의 경우 기 질의회신문을 붙임과 같이 보내드리니 참고하시기 바랍니다.

(예규 7)

관세사 통관용역의 세금계산서 발행방법

(서면3팀-1651, 2005.09.29)

질의 복합운송주선업자는 국제물류와 관련된 운송, 보관, 하역, 포장, 보험, 통관수속 등 관련된 제반업무를 수행하고 있으며 그 중 통관업무는 관세사에 의뢰하여 처리하고 있는 바, 관세사가 통관용역을 제공하고 지급받는 통관수수료에 대해 공급받는 자를 누구로 할 것인지를 문의함

회신 세금계산서는 부가가치세법 제16조의 규정에 의하여 재화나 용역을 공급하는 자가 재화나 용역을 공급받는 자에게 발행하여야 하는 것으로, 복합운송주선업자가 관세사에게 의뢰하는 통관용역의 공급받는 자가

누구인지는 당해 계약관계 및 거래의 실질과 관세사법 및 화물유통촉진법 등 해당 법률에 따라 사실판단 하시기 바랍니다.

(예규 8)

창고, 하역, 통관수수료, 국내운송료 등 세금계산서 발행 여부

(부가46015-800, 1999.03.25)

질의 당사는 화물유통촉진법 제8조의 규정에 따라 건설교통부장관으로부터 복합운송주선업 면허를 취득하여 외국항행운송주선을 주업으로 하는 업체임. 해당 매출은 부가가치세법상 제11조 제3항에 의거 영세율 매출에 해당하나 최근 화주들의 요구에 맞추어 수입된 화물을 화주가 지정하는 장소까지 보세운송 또는 통관운송하는 경우가 많으며, 이때 화주가 전적으로 부담하는 창고료, 하역료, 통관수수료, 운송료 등을 화주에 대한 서비스 차원에서 그 대금을 우선 당사가 선 대납한 후 나중에 대납한 금액을 일괄수금하는 거래형태일 경우 다음과 같이 질의합니다.

1. 상기 항목 창고류, 하역료, 통관수수료, 국내운송료 등의 지불시 상기 항목에 대한 대응매출을 발생시키지 않으면서 당사가 공급받는 자가 되어 매입세금계산서를 발행받을 수 있는지.

2. 창고, 하역, 통관수수료, 국내운송료 등은 각각 해당 법령에 의한 건설교통부의 면허사업인 바 당사가 면허가 없고 또한 사업자등록증상의 업종에도 없는 상기 항목에 대하여 매출세금계산서를 화주에게 발행할 수 있는지.

3. 복합운송 주선업 면허업자일 경우 운송에 관련된 제반업종에 대하여 조건없이 매출 및 매입 세금계산서를 수수할 수 있는지.

복합운송주선업을 영위하는 사업자가 국제복합운송계약에 의하여 화주로부터 화물을 인수하여 자기책임하에 출발지에서 도착지까지 운송용역을 하나의 용역으로 연결하여 국제 간에 화물을 운송하여 주고 화주로부터 대가를 받는 경우 거래상대방으로부터 당해 운송용역의 공급과 관련된 대가관계에 있는 모든 금전적 가치가 있는 것은 부가가치세 과세표준에 포함하는 것임.

판례

> **(판례 1)**
> 미등록 운송주선업자가 국제간의 운송용역을 제공한 경우 부가가치세 영의세율을 적용받을 수 있는 것인지의 여부

(국심 1999부31, 2000.3.2)

[주문] 심판청구를 기각합니다.

[이유] 1. 원처분 개요

청구인은 부산광역시 ○○○구 ○○○동 ○○○ 소재에서 운송주선업을 영위하는 사업자로 화물운송용역을 제공하고 영세율과세표준 89,122,597원을 적용하여 1998.1기 부가가치세 확정신고시 환급세액을 신청한 바 있다. 처분청은 청구인이 해운업법에 의한 운송업자 등록을 하지 아니하고 국제간 운송용역을 제공하였다는 이유로 영세율 적용을 부인하고 1998.9.2 1998. 1기분 부가가치세 11,759,540원을 결정고지하였고, 청구인은 이에 불복하여 1998.10.26 심사청구를 거쳐 1998.12.23 심판청구를 제기하였다.

2. 청구주장 및 국세청장 의견

가. 청구인 주장

청구인은 해상화물 운송주선업자로서 98년 제1기 영세율 매출금액 89,122,597원 중 35,814,116원은 외국법인과의 직접거래분으로서 부가가치세법 제11조에 의거 영세율 적용 대상이고, 나머지 53,218,481원은 국내사업장이 있는 ○○○상사 등에 자기명의의 ○○○증권을 발급한 사실없이 운송용역을 제공하였으나, 영세율제도의 취지가 국외소비자들에게 우리나라의 부가가치세 부담을 갖지 않도록 한다.으로서 소비지국 과세원칙을 지지하고 외화획득을 장려하고자 완전 면세하는 것인 바, 청구인이 비록 복합운송주선업에 미등록하였다 하더라도 위 화물이 수출하는 재화인 이상 국제운송용역의 일부로서 영세율을 적용하여야 한다.

나. 국세청장 의견

복합운송주선업을 등록하지 아니한 사업자가 국내에서 국내사업장이 없는 비거주자로부터 화물을 인수하여 타인(항공운송사업자)의 명의로 B/L을 발급하고, 타인의 운송수단(항공기)을 이용하여 화물을 국외로 운송하여 주고 그 대금을 당해 비거주자로부터 국내에서 직접 외화로 받는 경우에는 부가가치세법 제11조 제1항 제3호의 규정에 의한 영세율이 적용되지 아니하는 것으로 해석(기본통칙 3-4-1…11 및 부가46015-741, 95.4.21)하고 있으므로, 청구인과 같이 복합운송주선업을 등록하지 아니하고 타인의 운송수단을 이용하여 화물을 국외로 운송하여 주고받은 대가가에 대하여는 영세율을 적용할 수 없는 것이므로 당초처분은 적법하다.

3. 심리 및 판단

가. 쟁점

미등록 운송주선업자가 국제 간의 운송용역을 제공한 경우 부가가치세 영의 세율을 적용 받을 수 있는 것인지 여부

나. 관련법령

부가가치세법 제11조(세금계산서)제1항에서 「다음 각 호의 재화 또는 용역

의 공급에 대하여는 영의 세율을 적용한다.」고 규정하면서 그 제3호에서 「선박 또는 항공기의 외국항행용역」이라고 규정하고 있고, 같은 법 시행령 제25조(외국항행용역의 범위)에서 「법 제11조 제1항 제3호에 규정하는 외국항행용역은 선박 또는 항공기에 의하여 여객이나 화물을 국내에서 국외로, 국외에서 국외로 수송하는 것을 말하며 외국항행사업자가 자기의 사업에 부수하여 행하는 재화 또는 용역의 공급으로서 다음 각 호에 규정하는 것을 포함한다.

1. 다른 외국항행사업자가 운용하는 선박 또는 항공기의 탑승권을 판매하거나 화물운송계약을 체결하는 것
2. 외국을 항행하는 선박내 또는 항공기 내에서 승객에게 공급하는 것.
3~4.호 생략」 라고 규정하고 있다.

화물유통촉진법 제2조 제6호에서는 「"복합운송주선업"이라함은 타인의 수요에 응하여 자기의 명의와 계산으로 타인의 선박·항공기·철도차량 또는 자동차등 2가지 이상의 운송수단을 이용하여 화물의 운송을 주선하는 사업을 말한다」 라고 규정하고, 같은 법 제8조(복합운송주선의 등록)제1항에서는 「복합운송주선업을 경영하고자 하는자는 건설교통부령이 정하는 등록신청서에 사업계획서를 첨부하여 건설교통부장관에게 등록하여야 한다. 선박 또는 항공기만을 이용하는 운송주선업을 경영하고자 하는 자도 또한 같다」 라고 규정하고 있다.

다. 사실 및 판단

청구인은 무면허 해상화물 운송주선업자로서 1998년 1기분 중 국내사업장이 없는 외국법인(○○○INC)에 운송요역을 제공하고 운송료 35,904,116원, 국내사업장이 있는 청구외 ○○○상사외 6개업체에 운송용역을 제공하고 운송료 53,218,481원 합계 89,122,597원에 대하여 영의 세율을 적용하여 신고하였음이 1998년 1기 부가가치세 확정신고서에 의하여 확인이 되고 있으며, 청구인은 화물유통촉진법 제8조의 규정에 의하여 해상화물운송주선업으로 등록을 하지 않은 상태에서 화물운송용역을 제공한 사실에 대하여는 청구인과 처분청간에 다툼이 없다.

이 건과 같이 관련법령의 규정에 의하여 등록을 하지 아니한 미등록사업자

가 타인의 명의를 이용하여 국제운송용역을 제공한 경우 영의 세율을 적용할 수 있는지.를 살펴본다.

부가가치세법시행령 제25조에서 외국항행사업자가 자기의 사업에 부수하여 행하는 용역의 공급을 영의 세율이 적용되는 외국항행용역에 포함하는 것으로 규정하고 있는 점에 비추어 보면 외국항행사업자가 제공하는 외국항행용역에 대하여 부가가치세 영의 세율을 적용함을 알 수 있고 이 건과 같은 화물운송용역을 제공하기 위하여는 화물유통촉진법의 규정에 의하여 건설교통부장관에게 복합운송주선업으로 등록하도록 규정하고 있음을 알 수 있다.

따라서, 이 건과 같이 관련법령의 규정에 의하여 복합운송주선업으로 등록을 하지 아니한 사업자가 국내에서 국내사업장이 없는 비거주자로부터 화물을 인수하여 타인(해상화물운송사업자)의 명의로 ○○○증권(B/L)을 발급하고, 타인의 운송수단을 이용하여 화물을 국외로 운송하여 주고 대가를 받는 경우에는 부가가치세법시행령 제25조에서 규정하는 외국항행사업자가 자기의 사업과 관련하여 행하는 용역의 공급으로 볼 수 없다 할 것이고,

이에 대하여는 부가가치세법 제11조 제1항 제3호의 규정에 의한 부가가치세 영의 세율이 적용될 수 없는 것으로 판단된다.(부가가치세법 기본통칙 3-4-1…11 및 부가46015-741, 1995.4.21 같은 뜻임) 그러므로 이 건 화물운송용역에 대하여 처분청이 부가가치세 영의 세율 적용을 배제하고 부가가치세를 과세한 처분은 적법하다 할 것이다.

라. 결론

이건 심판청구는 청구인의 주장이 일부 이유없다고 인정되므로 국세기본법 제81조 및 제65조 제1항 제2호의 규정에 의하여 주문과 같이 결정한다.

> **(판례 2)**
>
> ## 운송주선업자가 아닌 해상운송사업자가 선하증권을 발급한 경우 영세율 적용 여부

(심사부가 99-703, 2000.8.18)

주문 ○○○세무서장이 1999.6.9 청구인에게 경정 고지한 1998년 제1기분 부가가치세 19,919,210원, 1998년 제2기분 부가가치세 30,746,280원의 부과처분은 이를 취소합니다.

이유 1. 처분내용

청구인은 서울특별시 ○○구 ○○동 70번지 ○○빌딩 1408호에서 ○○익스프레스라는 상호로 복합운송주선업을 영위하는 사업자로 1998년 제1기분 및 제2기분 부가가치세를 아래와 같이 신고하였다.

구분	매출과표		
	계	일반	영세율
계	599,917,529	139,322,100	460,595,429
98. 1기분	240,975,457	59,891,700	181,083,757
98. 2기분	358,942,072	79,430,400	279,511,672

처분청은 1999.3월 부가가치세 환급자 현지확인조사시 청구인이 영세율로 신고한 과세표준 460,595,429원(이하 "쟁점금액"이라함)은 자기명의로 선하증권을 발급하지 아니하였으므로 영세율이 적용되는 외국항행용역이 아니라 하여 청구인에게 부가가치세 1998년 제1기분 19,919,210원, 1998년 제2기분 30,746,280원, 합계 50,665,490원을 1999.6.9 경정 고지하였다.

청구인은 이에 불복하여 1999.9.6 이 건 심사청구를 제기하였다.

2. 청구주장

운송주선업을 영위하는 사업자가 국제복합운송계약에 의하여 화주로부터 화물을 인수하여 자기명의로 선하증권을 발급하고 타인의 운송수단을 이용하여 화주에 대하여는 자기책임하에 국제간의 화물을 수송해 주고 화주로부터 운임을 받는 경우의 국제간 이용운송용역은 영세율이 적용되는 것이므로 청구인 명의로 화물인수증 등을 발급하고 화물을 인수한 후 자기책임하에 운송주선하였으므로 영세율을 적용하여야 한다.

3. 처분청 의견

영세율이 적용되는 외국항행용역이라 함은 국제복합운송업으로 등록하여 자기명의로 선하증권, 항공화물운송장 등을 반드시 발급하여 화주의 물건을 출발지에서 도착지까지 운송용역을 하나의 용역으로 국제간 화물을 수송하여 주고 화주로부터 운임을 받는 경우를 뜻하는 것이나, 청구인은 자기명의의 선하증권, 항공화물운송장 등을 발급하지 아니하고 해상운송사업자가 선하증권을 발급한 사실로 보아 청구인은 국내에 있는 수출선박까지만 운송계약을 체결한 것으로 보아 영세율을 적용하지 아니하고 경정한 당초처분은 정당하다.

4. 심리 및 판단

가. 쟁점

복합운송주선업으로 등록한 운송주선업자가 복합운송용역을 제공하고 자기명의가 아닌 해상운송사업자 명의로 선하증권이 발급된 경우 영세율이 적용되는지 여부를 가리는데 있다.

나. 관계법령

부가가치세법 제11조(영세율적용) 제1항 제3호에서 선박 또는 항공기의 외국항행용역은 영세율이 적용되며,

같은 법 시행령 제25조(외국항행용역의 범위)에서 법 제11조 제1항 제3호에 규정하는 외국항행용역은 선박 또는 항공기에 의하여 여객이나 화물을 국내에서 국외로, 국외에서 국내로 또는 국외에서 국외로 수송하는 것을 말하며, 외

국여행사업자가 자기의 사업에 부수하여 행하는 재화 또는 용역의 공급으로서 다음 각호에 규정하는 것을 포함한다. (이하생략) 고 규정하고 있다.

한편, 화물유통촉진법 제2조 [정의] 제6호에서 복합운송주선업이라 함은 타인의 수요에 의하여 자기의 명의와 계산으로 타인의 선박·항공기·철도차량 또는 자동차등 2가지 이상의 운송수단을 이용하여 화물의 운송을 주선하는 사업을 말한다고 규정하고, 같은 법 제8조 제1항에서 복합운송주선업을 경영하고자 하는 건설교통부령이 정하는 바에 의하여 건설교통부장관에게 등록하여야 한다고 규정하고,

상법 제115조 [손해배상책임] 에서 운송주선업은 자기나 그 사용인이 운송물의 수령, 인도, 보고나, 운송인이나 다른 운송주선인의 선택 기타 운송에 관하여 주의를 태만하지 아니하였음을 증명하지 아니하면 운송물의 멸실, 훼손 또는 연착으로 인한 손해를 배상할 책임을 변하지 못한다고 규정하고 잇다.

다. 사실관계 및 판단

복합운송주선업으로 등록한 운송주선업자가 복합운송용역을 제공하고 자기 명의가 아닌 해상운송사업자 명의로 선하증권이 발급된 경우 영세율이 적용되는지 여부에 대하여 살펴본다.

(1) 청구인은 1998.5.6 화물유통촉진법 제8조의 규정에 의하여 복합운송 주선업으로 등록하고 1998년 제1기부터 1998년 제2기까지 운송주선업을 영위하면서 화주로부터 국제간 화물운송을 의뢰 받아 화물을 인수한 후, 화주에게 청구인 또는 청구인의 대리인 명의로 화물인수증을 발행하였으나 청구인 명의의 선하증권을 발급하지 아니하고 쟁점금액에 대하여 영세율을 적용하여 부가가치세를 신고하였으나,

처분청은 청구인이 자기명의로 선하증권을 발급하지 아니하고 해상운송사업자 명의로 선하증권이 발급된 것은 청구인이 외국항행용역을 제공한 것이 아니라 하여 쟁점금액에 대하여 영세율 적용을 부인하고 이 건 경정하였음이 경정결의서 등에 의하여 확인된다.

(2) 청구인은 자기명의로 선하증권을 발급하지는 않았지만 자기계산과 책임 하에 국제간 운송용역을 제공하였다는 주장에 대하여 살펴본다.

첫째, 청구인이 제시한 청구인과 화주와의 수출화물운송계약서를 보면, 제3조(운송 및 관리)에서 "청구인은 청구인의 책임 하에 자기 또는 타인의 운송수단을 이용하여 화물을 운송할 수 있으나, 타인의 운송수단을 이용하는 경우에도 청구인은 자기소유 운송수단과 동일한 책임과 의무를 진다"고 약정하고,

제4조(운임 및 지불)에서 "수출입화물의 운임은 사전에 화주의 승인을 얻어야 하며 매월 말일 세금계산서와 거래명세서를 첨부하여 화주에게 운임을 청구한다"고 약정하고, 제5조(손해배상)에서 "청구인은 화주의 운송화물에 대한 파손,분실,도난,운송착오 등으로 인한 피해가 발생한 때에는 전액 배상하여야 한다"고 약정하였다.

둘째, 청구인은 화주의 수출·입화물 운송계약서를 체결한 후, 지정된 장소에서 화주로부터 수출화물을 인수하여 육상운송으로 선박까지 운송하고, 해상운송사업자에게 선적을 의뢰하여 해상운송사업자의 선박으로 수출화물을 국제간에 운송하는 복합운송주선용역을 제공하였으며, 또한 청구인은 화주에게 해상운임, 화물적재수수료, 선적수수료, 부두사용료, 컨테이너비용, 서류작성비, 터미날사용료 등을 직접 청구하면서 청구인 명의로 영세율 세금계산서를 발행하였고,

청구인은 해상운임을 해상운송사업자에게 직접 지급하고 해상운송사업자로부터 영세율 세금계산서를 청구인 명의로 발행받은 사실이 거래명세서, 매출처별 및 매입처별세금계산서합계표에 의하여 확인되는 바,

위의 사실관계를 모아보면, 청구인은 국내에서 화주로부터 인수한 화물을 해상운송사업자의 선박을 이용하여 국제간 운송함에 있어 운송 도중 화물의 파손, 분실, 도난, 운송착오 등에 대하여 책임을 지므로 청구인은 화물 인수 후 도착지까지 자기책임 하에 화물용 운송하는 것으로 보이며, 청구인은 해상운임을 포함한 운송용역대가를 직접 화주로부터 받고 해상운송사업자의 선박 이용

에 따른 해상운임을 청구인이 해상운송사업자에게 직접 지급하는 것으로 보아 자기계산 하에 국제 간 운송용역을 화주에게 제공하는 것으로 판단된다.

(3) 운송주선업을 영위하는 사업자가 국제복합운송계약에 의하여 화주로부터 화물을 인수하고 타인의 운송수단을 이용하여 화주에 대하여는 자기 책임과 계산하에 외국으로 화물을 운송해 주고 화주로부터 받는 대가는 부가가치세법 제11조 제1항의 규정에 의한 외국항행용역에 해당하는 것(재경부 소비 46015-169, 2000.6.2)인 바,

이 건의 경우, 선하증권이 해상운송업자 명의로 발급되었다 하더라도 청구인은 화주와 국제복합운송계약을 체결하고 국제 간 운송 도중 화물의 파손,분실,도난 등에 대하여 책임을 지며, 화주로부터 해상운임이 포함된 대가를 직접 지급받고, 청구인이 해상운송사업자에게 해상운임을 직접 지급한 점으로 보아, 이는 청구인의 책임과 계산 하에 타인의 운송수단을 이용하여 화주의 화물을 국제간 운송하는 용역을 제공한 것이므로 동 용역제공은 영세율이 적용되는 외국항행용역에 해당된다 할 것(같은 뜻 : 심사부가 99-577, 2000.7.28)이다.

(4) 위의 사실관계와 관계법령을 모아보면, 운송주선업을 영위하는 청구인이 국제복합운송계약에 의하여 자기책임과 계산 하에 타인의 운송수단을 이용하여 화주의 화물을 국제간 운송하고 화주로부터 받은 쟁점금액은 영세율 적용 대상임에도 이를 부인하고 이 건 경정한 당초처분은 잘못이라고 판단된다.
따라서, 이 건 심사청구는 청구주장 이유 있으므로 국세기본법 제65조 제1항 제3호의 규정에 의하여 주문과 같이 결정한다.

(판례 3)

국내사업장이 없는 국외화물운송주선업자에게 지급하는 경우 영세율
적용대상 여부와 세금계산서 발행의무 면제대상인지 여부

(국심 1994서4468, 1995.3.24)

질의 1. 국내사업장이 없는 국외화물운송주선업자(비거주자)를 대신하
여 국내에서 용역을 제공하고 그 대가를 국내수입화주로부터 원화로 지
급받아 용역대가를 차감한 금액을 국외화물운송주선업자에게 지급하는
경우 영세율 적용대상에 해당되는지 여부

2. 위 거래가 세금계산서 발행의무 면제대상인지 여부

주문 마포세무서장이 1994.3.14에 청구인에게 결정고지한 1991년도 제2기분
부가가치세 1,046,460원, 1992년도 제1기분 부가가치세 6,218,730원, 1992년도
제2기분 부가가치세 8,220,920원, 1993년도 제1기분 부가가치세 9,289,650원
및 1993년도 제2기분 부가가치세 2,595,250원은 각각 이를 취소한다.

이유 1. 원고처분 개요

청구인은 화물운송대행업을 영위하는 자로서 국내에 사업장이 없는 비거주
자 또는 외국법인인 화물운송 주선업자(이하 "비거주자"라 한다)의 의뢰에 따
라 수입화물운송에 관련된 국내에서의 용역(이하 "쟁점용역"이라 한다)을 제공
하고 화주로부터 운송료를 수금하여 청구인이 받을 용역대가(이하 "쟁점용역
대가"라 한다)를 차감한 금액을 비거주자에게 송금하고 쟁점용역대가에 대하
여는 과세기분별 외화획득수입금액으로 하여 부가가치세 영세율 적용대상으로
처분청에 신고하였다.

처분청은 수입화물에 대한 화물운송주선업을 청구인이 주관하고 비거주자가

청구인의 업무를 보조하는 것으로 보아 청구인이 외화획득수입으로 신고한 쟁점용역대가에 대하여 부가가치세 영세율 적용을 배제하고 세금계산서 미발행 가산세를 적용하여 과세기간별로 1994.3.14 청구인에게 다음과 같이 부가가치세를 각각 경정 고지하였다.

부가가치세 경정결정 및 고지내역

(단위: 원)

과세 기분	신고 과세표준금액		경정결정 과세표준금액		고지액
	영세율적용	일반과세	영세율적용	일잔과세	
91/2	8,720,524	702,720		9,423,244	1,046,460
92/1	49,540,620	2,316,955		51,857,575	6,218,730
92/2	66,186,961	5,190,424		71,377,385	8,220,920
93/1	77,321,898	5,874,927	40,360,000	83,196,825	9,728,970
93/2	79,778,203	4,808,379		44,226,582	2,595,250
계	281,548,206	18,893,405	40,360,000	260,081,611	27,810,330

*93/1 고지세액은 1994.10.31 운송용역대가 중 중복계상금액 3,147,316원을 차감하여 9,289,650원으로 감액 경정

청구인은 이에 불복하여 1994.5.4 심사청구를 거쳐 1994.7.20 심판청구를 하였다.

2. 청구주장 및 국세청장 의견

가. 청구주장

청구인은 외국의 화물운송주선업자와의 계약에 의하여 그 대리인 자격으로 수입화물에 대한 국내에서의 운송용역을 제공하고 수입화주로부터 화물운임을 수령하여 그 중 외국화물운송주선업자와의 약정에 따라 청구인이 수입할 용역대가(운송이익의 50% 상당액)를 청구인의 수입금액으로 차감한 금액을 외국의 화물운송주선업자에게 송금하고 있으므로 청구인이 수입한 용역대가는 국내사업장이 없는 비거주자를 대신하여 국내에서의 용역을 제공하고 그 대가를 당해 비거주자에게 지급할 금액에서 차감하여 수입하는 것이므로 외화를 획득하는 용역에 해당하여 부가가치세 영세율 적용대상이며 세금계산서 발행의무 면

제대상임에도 처분청이 영세율 적용을 배제하고 세금계산서 발행대상으로 보아 과세하였음은 부당하다는 주장이다.

나. 국세청장 의견

청구인은 국내에서 수입물품 구매자로부터 구매의뢰를 받아 자기책임하에 수입물품을 구매자에게 도달시켜 주는 사업형태를 취하고 있음이 인정되므로 국내에서 독립된 자격으로 용역을 제공하고 있는 것으로 보아야 할 것이고, 용역제공의 대가를 국내의 구매자로부터 원화로 지급받아 국외의 비거주자에게 청구인의 업무보조자로서의 대가인 수수료 상당액을 지급하고 있는 것으로 판단되므로 외화를 획득하는 용역에 해당하지 아니한다는 의견이다.

3. 심리 및 판단

가. 이 건 심판청구의 쟁점은 ① 청구인이 제공하는 쟁점용역이 부가가치세 영세율 적용대상용역에 해당하는지 여부(쟁점1)와 ② 쟁점용역대가가 세금계산서 발행의무 면제대상인지의 여부(쟁점2)에 있다.

나. 쟁점1에 대하여 살펴본다.

부가가치세법(제11조 제1항)에서 「다음 각 호의 재화 또는 용역의 공급에 대하여는 영의 세율을 적용한다. 1. 수출하는 재화, 2. 국외에서 제공하는 용역, 3. 선박 또는 항공기의 외국항행용역, 4. 제1호 내지 제3호 이외에 외화를 획득하는 재화 또는 용역으로서 대통령령이 정하는 것」을 규정하고, 같은 법 시행령 제26조 제1항에서는 「법 제11조 제1항 제4호에 규정하는 외화를 획득하는 재화 또는 용역은 다음 각호에 게기하는 것으로 한다. 다만,……」라고 하면서, 제1호에 "국내에서 국내사업장이 없는 비거주자 또는 외국법인에게 공급되는 재화 또는 용역으로서 그 대금을 외국환은행에서 원화로 받는 것"을 규정하고 있으며, 한편, 화물유통촉진법 제2조 제4호, 제8조 제1항, 제14조 제1항 및 제55조 제1항에는 타인의 수요에 응하여 자기의 명의와 계산으로 타인이 2가지 이상의 운송수단을 이용하여 화물을 일관하여 운송하는 사업인 "복합운송주선업"을 경영하고자 하는 자는 교통부장관에게 등록하도록 하고, 복합운송주선업자가 화물을 인수한 때에는 복합운송증권을 발행하여야 하며, 복합운송주선업의 등록을 하지 아니하고 복합운송주선업을 경영한 자는 처벌하도록 규정하고 있다.

(사실 관계를 살펴보면)

첫째, 청구인이 쟁점용역에 대한 대가를 수입하는 경위를 보면, 청구인은 국외의 비거주자 또는 외국법인인 화물운송주선업자의 의뢰에 의하여 비거주자가 주관하는 수입화물의 운송에 관련된 국내에서의 업무인 수입물품의 통관에 필요한 서류를 취합하여 수입화주에게 전달하고 화물운송료를 수금하여 송금하는 일 등을 수행하고 국내의 수입화주로부터 운송료를 수취하여 그중 비거주자와의 약정에 따른 청구인의 용역대가를 차감한 잔액을 외국환은행에서 무역외 지급인증을 받아 외화로 비거주자에게 송금하여 주고 있음이 청구인이 비치하고 있는 화물운송용역계약서와 쟁점용역에 관련된 수입신용장(L/C, Letter of Credit), 항공화물운송장(AWB, Air Way Bill) 또는 선화증권(B/L, Bill of Landing), 송장 및 계산서(Invoice)와 외환은행이 발행한 외화송금관련 서류 등에 의하여 확인되고 있고,

둘째, 자기의 명의와 계산으로 화물운송주선업을 영위하기 위하여는 관련법의 규정에 의거 관계기관에 등록을 해야 하나 청구인은 등록을 할 수 있는 제반 요건을 구비하지 못하여 아직까지 복합운송주선업의 등록을 하지 못하고 있으며,

셋째, 당심에서 처분청에 청구인의 쟁점용역 제공에 관하여 청구인을 주된 사업자로 보게 된 사유 및 이에 관련된 증거서류를 요구하였던 바, 처분청은 부가46410-2497(1994.11.4)호로 "증빙이 과세관청에 보관되어 있지 않음"이라고 회신함으로써 청구인을 쟁점 용역에 대한 주된 사업자로 보게된 사유를 제시하지 못하고 있다.

이상의 사실과 관련법령 등을 종합해 볼 때, 청구인이 제공하는 쟁점용역은 비거주자가 제공하여야 할 용역을 청구인이 비거주자를 대신하여 제공한 것으

로 인정되고 따라서 그 용역대가는 비거주자로부터 받아야 할 것으로서 실제로는 수입화주가 비거주자에게 지급할 금액을 청구인이 대신 수금하여 그중에서 청구인이 받을 쟁점용역대가를 차감하고 잔액을 비거주자에게 송금하고 있는 것이므로 외화를 획득하는 용역으로서 부가가치세 영세율 적용대상용역이라 할 것이므로(부가가치세법 기본통칙 3-5-2…11, 제2호 같은 뜻) 이 부분 청구주장은 이유 있다고 판단된다.

다. 쟁점2에 대하여 살펴본다.

부가가치세법 제16조 제1항에는 「납세의무자로 등록한 사업자가 재화 또는 용역을 공급하는 때에는 제9조에 규정하는 시기에 다음각호의 사항을 기재한 계산서(이하 "세금계산서"라 한다)를 대통령령이 정하는 바에 의하여 공급을 받는 자에게 발행하여야 한다. 다만,……」 라고 규정하고, 같은조 제4항에는 「대통령령이 정하는 경우에는 제1항과 제2항의 규정을 적용하지 아니할 수 있다」 라고 규정하고, 같은법 시행령 제57조(세금계산서 발행의무의 면제)에 「법 제16조 제4항에 규정하는 대통령령이 정하는 경우에는 다음 각호에 게기하는 재화 또는 용역을 공급하는 경우로 한다」 라고 하면서,

그 제3호(1990.12.31 개정 전의 것)에 「법 제11조 제1항 제1호(제24조 제2항에 규정하는 내국신용장·구매승인서 또는 수입원자재구매승인서에 의하여 공급하는 재화를 제외한다.)·제2호 및 제3호(공급받는 자가 국내에 사업장이 없는 비거주자 또는 외국법인의 경우와 항공기 외국항행용역에 한한다.)에 규정하는 재화 또는 용역」 을 규정하고

제4호에 「제26조 제1항 제1호·제1호의 2·제3호(공급받는 자가 국내에 사업장이 없는 비거주자 또는 외국법인에 한한다)·제4호·제5호(일반여행업자에 한한다) 및 제10호에 규정하는 재화 또는 용역」 을 규정하고 있다.

한편, 청구인이 쟁점용역대가와 관련하여 세금계산서를 발행한 내용을 보면 쟁점용역중 항공운송에 관련된 부분에 대하여는 세금계산서를 발행하지 아니하였고 선박운송에 관련된 부분에 대하여는 수입화주로부터 수금하는 운송료

전액에 대하여 영세율로 세금계산서를 발행 발행하였음이 청구인이 비치한 세금계산서와 처분청의 이 건은 관련 조사결정자료에 의하여 확인된다.

살피건대, 청구인이 수입화주로부터 수금하는 금액중 선박에 의하여 운송되는 경우에 대하여 운임을 포함한 수금액 전액에 대하여 세금계산서를 발행(부가가치세법 기본통칙 5-2-16…16 같은 뜻) 하고 있는 것과는 관계없이 청구인의 쟁점용역은 쟁점1에서 살펴본 바와같이 외화를 획득하는 용역으로서 부가가치세법 시행령 제26조 제1항 제1호에 해당한다 할 것이므로 쟁점용역대가는 같은법 시행령 제57조 제4호에 해당하여 세금계산서 발행의무면제대상이라 할 것이므로 이 부분 청구주장도 이유있다고 판단된다.

이건 심판청구는 심리결과 청구주장이 이유있으므로 국세기본법 제81조 및 제65조 제1항 제3호의 규정에 의하여 주문과 같이 결정한다.

제3장

국제물류주선업과 세금계산서

1

세금계산서의 발행

세금계산서는 사업자가 재화 또는 용역을 공급시기에 부가가치세를 징수하고 세액이 표시된 송장으로서 그 재화 또는 용역을 공급받는 자에게 발행하는 세금영수증을 말한다.

이러한 세금계산서는 수입세금계산서, 신용카드매출전표 등을 포함하는 광의의 의미로 사용되고 있다.

이러한 세금계산서는 반드시 재화나 용역의 공급시기에 발행하여야 하는데 공급시기 전에 세금계산서를 발행하면 그 세금계산서 발행시기가 공급시기가 되고, 공급시기를 지나고 세금계산서를 발행하면 사실과 다른 세금계산서로 효력이 없다.

다만, 다음의 경우에 한하여 공급일의 다음 달 10일까지 세금계산서를 발행할 수 있다.

① 거래처별로 1역월의 공급가액을 합계하여 당해 월의 말일자를 발행일자로 하여 세금계산서를 발행하는 경우

② 거래처별로 1역월 이내에서 거래 관행상 정하여진 기간의 공급가액을 합계하여 그 기간의 종료일자를 발행일자로 하여 세금계산서를 발행하는 경우

③ 관계 증빙서류 등에 의하여 실제 거래사실이 확인되는 경우로서 당해 거래일자를 발행일자로 하여 세금계산서를 발행하는 경우

2

세금계산서의 기재사항

세금계산서의 기재사항 중 다음에 해당하는 사항을 필수적 기재사항이라고 하는데 필수적 기재사항의 전부 또는 일부가 기재되지 아니하거나 그 내용이 사실과 다른 경우에는 세금계산서로서의 효력이 인정되지 아니한다.

① 공급하는 사업자의 등록번호와 성명 또는 명칭
② 공급받는 자의 사업자등록번호
③ 공급가액과 부가가치세액
④ 작성연월일

위 필수적 기재사항 외의 대표자성명, 주소, 업태 등은 임의적 기재사항으로서 빠뜨리더라도 세금계산서로서의 효력에 영향을 미치지 아니한다.

3

세금계산서 발행시기

1) 발행시기의 이해

복합운송주선업자도 운송주선용역을 제공할 때 세금계산서를 발행하여야 하고, 복합운송주선업자의 용역의 공급시기에 세금계산서를 발행하면 된다.

용역의 공급시기는 일반적으로 역무의 제공이 완료되는 때를 그 공급시기로 하는데 복합운송주선업자는 직접 운송을 하는 것이 아니고 항공사나 선사와 화주 사이에서 운송주선의 용역을 제공하게 되므로 운송주선의 용역제공이 완료되고 그 운송주선에 따른 대가가 확정될 때를 공급시기로 보아야 할 것이다.

복합운송주선업자는 선적요청서(shipping request: S/R)에 의해 항공사나 선사에 선적요청을 의뢰하고 선적이 완료되면 화주에게 Forwarder's B/L을 발행하게 되는데 이때가 수출하는 화물의 운송주선을 하는 경우의 공급시기로 보아야 할 것이다.

즉, 수출하는 화물은 선적이 완료되는 때인 "선적일"을 공급시기로 보아야 할 것이다.

수입하는 경우에는 수입하는 화물의 도착통지를 받은 수입지의 복합운송주선업자는 Master B/L을 운송회사에 제시하여 화물인도지시서(Delivery Order : D/O)를 발급받고 수화인(Consignee)에게 Fowarder's B/L을 제시받고 화물인도지시서(Delivery Order)를 발급하여 준다. 이 경우 수입물품이 도착하면 운송주선인의 업무는 일단 완료하게 되며 운임청구를 할 수 있다. 따라서 수입하는 화물은 수입화물의 도착시점이 용역제공의 완료시점으로 보아 세금계산서를 발행해야 한다.

그런데 수입하는 화물은 수출지의 복합운송주선업자의 agent로서 단순히 운임의 징수대행이라면 실제로 국내의 복합운송주선업자는 국내의 수입화주를 위해 운송주선의 용역을 제공한 것이 아니므로 세금계산서를 발행할 필요도 없게 된다.

2) 발행시기의 불일치

보통 기업회계에서는 "모든 수익과 비용은 그것이 발생한 기간에 정당하게 배분되도록 처리하여야 한다. 다만, 수익은 실현주의에 의해 계상하고 미실현수익은 당기의 손익계산에 산입하지 아니함을 원칙으로 한다."라고 규정하고 있으며 이에 따라 기업회계상의 수익은 실현주의에 의해, 비용은 발생주의에 의해 계상되어야 하며 이러한 수익과 비용은 대응되어야 한다. 세법에서도 수익인식시기라는 용어를 "손익의 귀속사업연도"라 표기할 뿐 그 내용은 기업회계의 규정과 대동소이하다.

현재 복합운송주선업의 수익인식시기를 규정하고 있는 것이 없지만 이러한 일반원칙에 비추어 볼 때 화주와 운송사 간의 운송을 주선하면서 운임차액과 기타 부대수수료의 금액이 확정되고 운송주선인으로서의 책임을 가질 때 화주로부터의 수익을 인식하여야 하며, 그 수익을 인식하게 하는 운송주선에 의해 운송사에 지급할 운임 등을 원가 또는 비용으로 계상하면 무방할 것으로 생각한다.

즉, 포워더가 정해진 항공사 또는 선사의 운임을 가지고 자신의 수익을 계산하여 화주에게 판매하면서 그 운임과 기타수수료가 확정되는 시기가 포워더의 매출로 계상하여야 할 시점이며 운송사에 지급할 운임 등이 매출원가로서 비용으로 인식되면 되는 것이다.

그런데 이러한 수익인식시기와 세금계산서의 발행시기가 불일치함으로 인해서 회계상 혼동을 일으킬 수가 있다.

3) 복합운송업의 발행시기

부가가치세법에서는 세금계산서의 발행이시기를 법으로서 정하고 있는데 세금계산서는 재화 또는 용역의 공급시기에 발행하도록 규정하고 있고, 복합운송주선업자는 용역을 제공하는 업종이므로 용역제공이 완료되고 용역에 따른 대가가 확정되는 시기가 공급시기이며 그때 세금계산서를 발행하면 된다.

이러한 규정은 광범위한 것이므로 복합운송주선업이 수출입업의 부대되는 업으로 본다면 다음과 같이 세금계산서의 발행시기가 될 것이다.

① 수출 : 선적일, 이른바 On-Board Date

② 수입 : 도착일.

수출의 경우 선적일 이전에 운임이 결정될 것이며 선적 이후 발생할 문제는 화물배상책임보험 등으로 손해배상의 책임만 지면 되므로 화물이 선적되는 때 PP인 경우 세금계산서를 발행하여 수익을 인식하면 되고 CC인 경우는 세금계산서를 발행할 수는 없지만 그때가 수익인식시기가 된다.

수입의 경우 수입업자는 L/G를 수취하여 수입통관 할 때 비로서 매입으로 계상하게 되므로 수입화물이 도착하면 포워더도 운송주선이 완료된 것으로 보아 화주에게 세금계산서를 발행하면 된다.

이렇게 정하여진 시기에 세금계산서를 발행하고 수익을 인식하면 되는데, 실무적으로 화주가 세금계산서 발행이시기를 늦추거나 미리 발행하여 주기를 원하는 경우가 종종 있다.

선적일 전이나 도착일 전에 화주에게 세금계산서를 발행하는 경우에는 문제가 발생하지 않는다. 왜냐하면, 부가가치세법은 "사업자가 법에서 정하는 용역의 공급시기가 도래하기 전에 세금계산서를 발행한 경우에는 그 발행하는 때를 당해 용역의 공급시기로 본다."라고 규정하고 있기 때문에 세금계산서 발행시기가 앞당겨지기 때문이다.

그러나 선적일 후 또는 도착일 후 세금계산서를 발행하는 경우는 법에 정하여진 세금계산서 발행시기 이후에 발행하였기 때문에 사실과 다른 세금계산서로 볼 수가 있다.

사실과 다른 세금계산서는 세금계산서로서의 효력이 없으며 공급시기 이후에 발행한 경우에는 세금계산서 미발행가산세가 부과될 수도 있다.

이때 화주의 요청으로 세금계산서를 늦게 발행하였다면 용역의 공급 가액이 확정되지 않은 것을 이유로 할 수도 있다. 그런데 화주의 운임결제지연이나 불신으로 인하여 포워더가 화물을 인도하지 않고 세금계산서도 발행하지 않는 경우가 있는데, 그렇다 하더라도 세금계산서의 발행시기가 도래했으므로 세금계산서를 발행하여야 한다. 실무상 세금계산서발행을 하지 않은 것을 찾아서 제재하기는 어렵지만 세무조사 등의 확인과정에서 미발행으로 판단되면 세금계산서 미발행가산세뿐만 아니라 수입금액누락으로 오해받을 수도 있기 때문이다. 일단은 세금계산서를 발행하고 대손충당금을 설정한다든가, 마이너스세금계산서를 내주는 것도 고려해봄 직하다.

한편, 결산일에 걸쳐 세금계산서가 발행하는 경우가 있다. 예를 들어 결산일이 12월 말 법인의 경우 선사 또는 항공사에 선적한 날은 12월이지만 화주에게 세금계산서를 발행한 것은 익년이 되는 경우가 있다.

이럴 때는 수익과 비용이 대응되어야 하므로 선사 또는 항공사에 지급한 운임을 선급금계정으로 표시하여 익년에 원가 또는 비용으로 처리하는 것이 유리하다. 손익계산서상의 수입금액과 세무조정의 과세표준을 일치시키는 것이 불필요한 오해를 받지 않기 때문이다.

가급적 계정과목은 알기 쉽게 "항공사 선급금"이나 "선사선급금"이 좋을 듯하다.

반대의 경우도 있을 수 있는데 이때도 수익은 인식하고 익년에 항공사나 선사에 지급한 운임을 원가 또는 비용으로 계상하면 된다.

부가가치세법에서는 화물운송주선의 경우 "통칙 16-58-6"으로서 세금계산서 발행방법을 서술하고 있는데 이는 국내간 화물운송주선을 말하는 것으로서 국제 간의 화물운송주선에 대입하기는 불가하다.

4

수정세금계산서

1) 수정세금계산서 발행요건

세금계산서를 발행한 후 그 기재사항에 착오 또는 정정사유가 발생한 경우에는 부가가치세의 과세표준과 납부세액 또는 환급세액을 경정하여 통지하기 전까지(결국은 국세기본법 제45조 제1항 제1호에 규정하는 수정신고기간 내 임) 세금계산서를 수정하여 발행할 수 있다. 다만, 당초의 공급가액에 추가되는 금액 또는 차감되는 금액이 발생한 때에는 세금계산서를 수정하여 발행할 수 있는데 이러한 수정세금계산서를 발행할 수 있는 경우는 다음과 같다.

(1) 당초에 적법하게 세금계산서를 발행하여야 수정세금계산서를 발행할 수 있다.

수정이라는 의미에서 알 수 있듯 당초 행위를 수정한다는 의미이므로 당초의 행위인 세금계산서를 법에 정한 발행시기에, 즉 적법하게 발행한 경우이어야 한다. 따라서

① 당초에 세금계산서를 발행하지 않았을 경우
② 발행시기 이후에 세금계산서를 발행한 경우
③ 과세거래를 면세거래로 잘못 알고 계산서를 발행한 경우에는 세금
계산서를 발행하지 않은 것이므로 수정세금계산서를 발행할 수 없
다.

(2) 기재사항에 착오 또는 정정사유 등

기재사항에 착오 또는 정정사유 등은 다음의 사유가 발생한 경우이어
야 한다.

수정세금계산서를 발행할 수 있는 사유로 다음과 같이 규정되어 있다.
① 당초 공급한 재화가 환입된 경우
② 계약의 해제로 인하여 재화 또는 용역이 공급되지 아니한 경우
③ 공급가액에 추가 또는 차감되는 금액이 발생 한 경우
④ 재화 또는 용역을 공급한 후 공급시기가 속하는 과세기간 종료 후
20일 내에 내국신용장이 개설되거나 구매확인서가 발급된 경우
⑤ 필수적 기재사항 등이 착오로 잘못 기재된 경우

2) 수정세금계산서의 발행방법

(1) 수정방법

세금계산서의 표제 앞에 "수정"이라고 기재하여야 한다.

(2) 당초 공급한 재화가 환입된 경우

재화가 환입된 날을 작성일자로 기재하고 비고란에 당초 세금계산서
작성일자를 부기한 후 붉은색 글씨로 쓰거나 부(負)의 표시를 하여 발행

한다.

(3) 계약의 해지로 재화 또는 용역이 공급되지 아니한 경우

계약이 해제된 때에 그 작성일자는 당초 세금계산서 작성일자를 기재하고 비고란에 계약해제일을 부기한 후 붉은색 글씨로 쓰거나 부(負)의 표시를 하여 발행한다.

종전에는 계약이 해제된 경우 공급가액의 증감사유로 보아 계약이 해제된 날짜로 수정세금계산서를 발행하였으나 2007년 1월 1일 이후 수정발행사유 발생분부터는 당초 세금계산서 작성일자로 수정세금계산서를 발행하도록 하고 있다.

(4) 공급가액에 추가 또는 차감되는 금액이 발생한 경우

증감사유가 발생한 날을 작성일자로 기재하고 추가되는 금액은 검은색 글씨로 쓰고, 차감되는 금액은 붉은색 글씨로 쓰거나 부(負)의 표시를 하여 발행한다. 수정사유가 발생한 때에 발행하는 것이므로 발행할 수 있는 시기에는 제한이 없다. 예를 들어 2006.11.25 세금계산서를 발행한 후 2년 후인 2008.11.25에 공급가액에 변동이 발생하였다면 2008.11.25를 작성일로 하여 수정세금계산서를 발행할 수 있다.

(5) 내국신용장 등의 사후개설

내국신용장 등이 개설된 때에 그 작성일자는 당초 세금계산서 작성일자를 기재하고 비고란에 내국신용장 개설일 등을 부기하여 영세율 적용분은 검은색 글씨로 세금계산서를 작성하여 발행하고, 추가하여 당초에 발행한 세금계산서의 내용대로 세금계산서를 붉은색 글씨로 또는 부(負)의 표시를 하여 작성하고 발행한다.

(6) 필수 기재사항 등이 착오로 잘못 기재된 경우

경정하여 통지하기 전까지(결국은 국세기본법 제45조 제1항 제1호에 규정하는 수정신고기간 내임) 세금계산서를 작성하되, 당초에 발행한 세금계산서의 내용대로 세금계산서를 붉은색 글씨로 작성하여 발행하고, 수정하여 발행하는 세금계산서는 검은색 글씨로 작성하여 발행한다. 따라서 세금계산서는 주서분과 흑서분 각 1조씩 모두 2조(당초분까지 3조)기 작성되게 된다. 이 경우에는 수정신고 사항이 발생하는 경우가 많아 수정신고기한이 경과하면 수정세금계산서를 제출할 수 없으므로 당초의 거래시기가 속하는 국세기본법상의 수정신고기한 내에 한하여 수정발행할 수 있게 하였으며, 수정신고기한이 지나면 수정세금계산서를 발행할 수 없다.

이 경우 '경정하여 통지하기 전까지'라 함은 부가가치세법 제21조의 규정에 의하여 부가가치세의 과세표준과 납부세액 또는 환급세액을 경정하고 그 경정한 내용이 서류 등에 의하여 사업자에게 도달하기 전까지를 말하는 것이다(소비 46015-109, 1998.5.29).

3) 부가가치세 수정신고 및 세금계산서 제출

(1) 수정신고를 하여야 하는 경우

이미 신고한 부가가치세과세표준에 영향을 미치는 사항은 수정신고를 하여야 하며, 이 경우 수정세금계산서를 매출세금계산서 합계표에 기재하여 제출하여야 한다. 계약의 해제로 인하여 재화 또는 용역이 공급되지 아니한 경우 및 필수적 기재사항 등이 착오로 잘못 기재된 경우에는 당초 세금계산서 작성일로 수정세금계산서를 발행하여야 하며, 이미 그 작성일이 속하는 과세기간에 대한 부가가치세 신고가 이루어졌다면 세금계산서는 작성일이 속하는 과세기간에 제출하여야 하므로 수정신고를 하여야 한다. 그러므로 수정신고기한 내에 수정세금계산서를 발행하도록 한 것이다.

(2) 수정신고가 필요하지 않은 경우

당초 공급한 재화가 환입된 경우 재화가 환입된 날을, 공급가액에 추가 또는 차감되는 금액이 발생한 경우 증감사유가 발생한 날을 작성일로 기재하므로 당해 날짜에 대한 부가가치세 신고는 이루어지지 않았을 것이다. 따라서 부가가치세 과세표준 수정신고를 할 필요가 없다. 즉, 수정세금계산서를 발행한 과세기간의 다른 세금계산서와 합계한 후 과세표준과 세액을 차가감하고, 매입자는 매입세액에서 차가감하여 신고하면 된다. 이 경우 수정세금계산서내용도 증감사유가 발생한 과세기간에 세금계산서 합계표에 차가감하여 제출하면 된다.

(3) 예정신고기간 내 공급하고 확정신고기간 내 내국신용장 등이 개설된 경우

재화 공급 시에 일반세율세금계산서를 발행하고, 내국신용장 개설 시에 영세율 세금계산서로 수정발행한다. 그리고 예정신고 시에 공급자는 일반세율을 적용하여 과세표준을 신고하며(일반세율세금계산서 기재하여 제출), 공급받는 자는 매입세액으로 공제할 수 있다(일반세율세금계산서 기재하여 제출).

또한, 원칙적으로 예정신고 경과 후 내국신용장이 개설되는 경우 공급자는 예정신고에 대해 경정청구를 하여 예정신고납부한 부가가치세를 환급받고(영세율수정세금계산서 기재하여 제출) 공급받는 자는 예정신고에 대해 수정신고를 하여 당초 매입세액공제분을 추가납부하여야 한다(영세율수정세금계산서 기재하여 제출).

그러나 행정력 절감 등의 사유로 수정신고를 하지 않아도 되는 것으로 과세관청에서는 해석하고 있으나, 내국신용장 사후개설이 아닌 경우의 사업자와 형평성을 고려할 때 문제점을 내포하고 있다.

즉, 예정신고 경과 후 사후개설기간 내에 내국신용장이 개설되어 수정세금계산서를 발행한 경우에는 당해 수정세금계산서를 예정신고에 대한 수정신고와 함께 제출하지 않고 확정신고에 포함하여 신고하여도 된다(부가46015-5048, 1999.12.27).

(4) 상대방의 폐업으로 수정세금계산서의 발행이 불가능할 경우

가) 매출자

사업자가 중간지급 조건부로 과세하는 컨설팅용역을 제공하기로 거래상대방과 약정하고 계약금에 대하여 세금계산서를 발행하였으나 추후 거래상대방의 부도로 계약이행이 불가능하여 당해 용역이 제공되지 아니하고 사실상 계약을 해지한 경우 그 해지한 때에 수정세금계산서를 발행해야 하는 것이나, 당해 거래상대방의 폐업으로 수정세금계산서를 발행할 수 없는 경우에는 그 사유가 발생한 때가 속하는 신고기간의 총매출세액에서 당해 계약이 해지된 매출세액을 차감하는 것이다(서면3팀-239, 2005.2.18).

나) 매입자

사업자가 계약상 또는 법률상의 원인에 의하여 재화 또는 용역을 공급받기로 약정하고 부가가치세법 제9조의 규정에 의한 거래시기에 세금계산서를 발행받아 같은 법 제17조 제1항의 규정에 의하여 매입세액을 공제하였으나, 거래상대방의 폐업으로 당초 계약이 취소되어 재화 또는 용

역의 공급을 받지 못한 경우에는 그 사유가 발생한 때가 속하는 과세기
간에 당초에 공제받은 매입세액을 납부세액에 가산하여야 하는 것이다
(서면3팀-305, 2005.3.3).

(판례)

매출누락에 따른 대표자 상여 처분

주문 심판청구를 기각합니다.

처분 1. 처분개요

가. 청구법인은 1985.6.15. 개업하여 ○○○에서 제조업(강화플라스틱)
을 영위하는 법인으로, 2005년 제1기 부가가치세 과세기간 중 수출
액 126,425천원을 법인세 신고시 누락한 후, 2007.3.3. 「외화수입
금액 성실신고 안내문」을 통해 2005년 제1기 중 영세율매출 누락
혐의에 대해 통보받고 위 매출누락액을 익금산입하고 유보로 소득
처분하여 2007.4.10. 2005사업연도 법인세를 수정신고한 후, 다시
2007.4.16. 위 유출된 금액을 회수하였다며 2007.8.7. 위 매출누락
액과 관련하여 가지급금인정이자를 계산하여 11,378,250원을 익금
산입하고 상여로 소득처분하여 2006사업연도 법인세를 수정신고하
였다.

나. 처분청은 청구법인이 한 소득처분이 부당하다며 경정하여
2007.12.18. 청구법인에게 2005년 귀속 126,425,000원 및 2006년
귀속 △11,378,250원을 대표자 상여로 소득처분하여 소득금액변동
통지하였다.

다. 청구법인은 이에 불복하여 2008.1.22. 심판청구를 제기하였다.

2. 청구법인 주장 및 처분청 의견

가. 청구법인 주장

청구법인은 2005.6.22. 관련제품을 수출하였으나 업무미숙으로 2005사업연도 법인세 신고시 등에 수출액 126,425천원을 누락하였다가 2007.4.10. 2005사업연도 법인세를 수정신고하였으며 당해 수출대금은 회사의 직접적인 경비에 사용하였다.

청구법인은 2007.3월 결산작업 무렵 위 외화수입금액이 전년 결산에 누락된 것을 발견하였고, 비슷한 시기에 외화수입금액 성실신고 안내문을 받았으며, 2007.4.16.에 누락된 126,425천원을 포함, 총 380,000천원을 대표이사가 회사에 입금하였으며, 2007.4.10. 법인세법 시행령 제106조 제4항의 규정대로 위 회수된 금액을 사내유보로 소득처분하여 수정신고하였고 이에 대해 처분청은 대표자 상여로 소득처분하여 소득금액변동통지하였으나, 어차피 수정신고 준비중이었고 수정신고 및 납부를 종료하기까지 처분청으로부터 어떠한 자료 요구나 질문 등을 받아본 적이 없으므로 이 건 소득금액변동통지는 취소되어야 한다.

나. 처분청 의견

매출대금이 법인통장에 입금되어 법인의 경비로 사용되었으나 입금된 금액을 대표자 가수금으로 회계처리하여 결국 가수금반제로 사외유출되었고, 법인세법 시행령 제106조 제4항에 의하면 해당금액을 회수한 후 수정신고를 하는 경우 유보로 소득처분할 수 있으나, 수정신고일(2007.4.10) 이후 회수되었으므로 유보처분은 불가능하며, 또한 관할세무서장으로부터 영세율매출 신고누락금액에 대한 법인세 성실신고 안내문을 송달받은 후 사외유출된 매출누락액을 회수하고 수정신고하는 경우 위 조항의 단서 규정에 따라 동 금액을 사내유보로 소득처분할 수 없는 바, 이 건 소득금액변동통지는 정당하다.

3. 심리 및 판단

가. 쟁점

청구법인이 영세율매출 누락신고금액을 유보로 소득처분하여 수정신고한데 대하여, 대표자 상여로 경정하여 소득처분한 소득금액변동통지의 당부

나. 관련법령

(1) 법인세법 제67조 (소득처분) 제60조의 규정에 의하여 각 사업연도의 소득에 대한 법인세의 과세표준을 신고하거나 제66조 또는 제69조의 규정에 의하여 법인세의 과세표준을 결정 또는 경정함에 있어서 익금에 산입한 금액은 그 귀속자에 따라 상여·배당·기타 사외유출·사내유보 등 대통령령이 정하는 바에 따라 처분한다.

(2) 법인세법 시행령 제106조 (소득처분) ① 법 제67조의 규정에 의하여 익금에 산입한 금액은 다음 각 호의 규정에 의하여 처분한다. 비영리 내국법인과 비영리외국법인에 대하여도 또한 같다.

   ① 익금에 산입한 금액이 사외에 유출된 것이 분명한 경우에는 그 귀속자에 따라 다음 각목에 의하여 배당, 이익처분에 의한 상여, 기타 소득, 기타 사외유출로 할 것. 다만, 귀속이 불분명한 경우에는 대표자(괄호 생략)에게 귀속된 것으로 본다.

      (가) 귀속자가 주주 등(임원 또는 사용인인 주주 등을 제외한다)인 경우에는 그 귀속자에 대한 배당

      (나) 귀속자가 임원 또는 사용인인 경우에는 그 귀속자에 대한 상여

      (다) 귀속자가 법인이거나 사업을 영위하는 개인인 경우에는 기타 사외유출. (단서 생략)

      (라) 귀속자가 가목 내지 다목외의 자인 경우에는 그 귀속자에 대한

기타소득

② 익금에 산입한 금액이 사외에 유출되지 아니한 경우에는 사내유보로
할 것

내국법인이 「국세기본법」 제45조의 수정신고기한내에 매출누락, 가
공경비 등 부당하게 사외유출된 금액을 회수하고 세무조정으로 익금에
산입하여 신고하는 경우의 소득처분은 사내유보로 한다. 다만, 세무조사
의 통지를 받거나 세무조사에 착수된 것을 알게 된 경우 등 경정이 있을
것을 미리 알고 사외유출된 금액을 익금산입하는 경우에는 그러하지 아
니하다.

다. 사실 관계

(1) 처분청이 제출한 청구법인에 대한 수정신고 검토복명서(2007.12. 처
분청)에 의하면, 청구법인은 영세율매출분 126,425천원을 2005년 1기
부가가치세 신고시 누락하였고 위 누락분에 대해 법인세 신고시 누락
사실을 발견하지 못하고 신고하였으며, 청구법인에 대해 「외화수입
금액 성실신고 안내문」을 통지(2007.3.3)한 것으로 되어 있고, 당해
통지문에는 2005년 1기 수출통관금액(126,262천원)과 영세율과세표준
(0원)과의 차이(126,262천원)를 구체적으로 적시하면서 '귀사(청구법
인)는 관세청의 "수출통관금액"에 비하여 영세율과세표준(기타매출)
합계금액이 일정비율 미달하는 것으로 분석되었습니다. 영세율 과세
표준금액이 누락되면 법인세 신고금액도 누락될 가능성이 많으므로
금번 신고시 차이발생 원인을 검토하여 성실하게 신고하시기 바랍니
다.'라고 기재되어 있으며, 청구법인이 위 '영세율 매출 누락혐의에 대
한 안내'를 받고 2005 사업연도 법인세 등이 누락되었음을 확인하고
2007.4.10. 법인세 등을 수정신고하면서 매출누락된 대금이 사외로 유
출되지 않았다고 주장하며 소득처분을 사내유보로 하여 신고하였고,

2007.8.7. 매출누락된 금액을 대표자로부터 회수하였다고 주장하며 회수에 따른 가지급금인정이자를 계산하여 추가적인 법인세 수정신고를 한 것으로 기재되어 있으며, 청구법인이 비록 매출누락대금을 법인의 통장에 입금하여 비용으로 처리하였다고 하나 결산시점에서 당해 금액에 대해 대표자가수금으로 처리하였는 바 이에 대해 대표자 상여처분하는 것이 정당하고, 2007.4.16. 대표자로부터 유출된 금액을 회수하였다는 주장과 관련하여 대표자로부터 유출된 금액을 회수한 시점이 수정신고일 이후이고 성실신고안내문을 받고 유출된 금액을 회수한 경우로서 사내유보로 소득처분할 수 없는 바(○○○, 2007.11.22. 참조), 대표자 상여처분이 정당하다고 기재되어 있다.

(2) 청구법인은 2007.4.16.에 누락된 126,425천원을 포함, 총 380,000천원을 대표이사가 회사에 입금하였다며, 청구법인 대표이사 고○○○ 계좌에서 2007.4.16. 380,000천원이 출금된 것으로 기재된 고○○○의 통장 거래내역 등을 제출하였다.

(3) 살피건대, 청구법인에 대한 처분청의 수정신고 검토복명서 등에 의하면 청구법인이 매출누락대금을 회사의 경비에 사용하였다고 하나 결산시점에서 당해 금액에 대해 대표자가수금으로 처리하였는 바, 청구법인이 매출누락액을 대표이사의 가수금에 계상함으로써 당해 매출누락액이 법인업무에 사용되었는지 여부에 불구하고 매출누락액을 가수금으로 계상하는 시점에서 동 금액을 대표이사에게 상여처분하는 것이 타당하다 할 것이고(○○○, 2005.9.14. 등 참조), 소득처분에 대하여 규정하고 있는 법인세법 시행령 제106조 제4항에 의하면, 내국법인이 「국세기본법」 제45조의 수정신고기한내에 매출누락, 가공경비 등 부당하게 사외유출된 금액을 회수하고 세무조정으로 익금에 산입하여 신고하는 경우의 소득처분은 사내유보로 하나 다만, 세무조사의 통지를 받거나 세무조사에 착수된 것을 알게 된 경우 등 경정이 있을

것을 미리 알고 사외유출된 금액을 익금산입하는 경우에는 그러하지 아니하다고 되어 있는 바, 청구법인 주장과 같이 그 대표자가 매출누락액을 청구법인에 입금(2007.4.16)시켰다 하더라도, 청구법인이 2005 사업연도 법인세 수정신고(2007.4.10)시에는 매출누락액이 청구법인에 회수되지 않았고, 청구법인은 2005년 1기 수출통관금액과 영세율과세표준과의 차이가 구체적으로 적시되면서 당사가 관세청의 수출통관금액에 비해 영세율과세표준 합계금액이 일정비율 미달하는 것으로 분석되었고 영세율 과세표준금액이 누락되면 법인세 신고금액도 누락될 가능성이 많다는 취지의 「외화수입금액 성실신고 안내문」을 송달받은 후 사외유출된 매출누락액에 대하여 수정신고하였는 바, 이는 위 법인세법 시행령 제106조 제4항의 단서에서 규정하는, 경정이 있을 것을 미리 알고 사외유출된 금액을 익금산입하는 경우에 해당하는 것으로 보이는 점 등을 고려할 때, 매출누락액에 대한 대표자 상여 소득처분 등을 내용으로 하는 이 건 소득금액변동통지는 잘못이 없는 것으로 판단된다.

4. 결론

이 건의 심판청구는 심리결과 청구주장이 이유없으므로 국세기본법 제81조 및 제65조 제1항 제2호의 규정에 의하여 주문과 같이 결정한다.

5

세금계산서의 발행면제

1) 부가세법상 세금계산서 면제 규정

다음에 해당하는 영세율적용대상 거래에 대해서는 세금계산서발행의무를 면제하여 주고 있다.

① 수출하는 재화(내국신용장, 구매승인서에 의한 수출의 경우에는 세금계산서를 발행)

② 국외에서 제공하는 용역

③ 선박 또는 항공기의 외국항행용역(선박의 외국항행용역으로서 공급받는 자가 국내사업장이 있는 경우에는 발행)

④ 기타 외화획득 재화 또는 용역의 공급

2) 복합운송주선업자의 세금계산서 발행면제

복합운송주선업자가 화주에게 운송주선용역을 제공하고 받는 대가에 대하여는 명칭을 불문하고 세금계산서를 발행해야 한다.

부가가치세법 시행령 제57조 1항 제3호에서 세금계산서발행면제로 규정하고 있는 "선박 또는 항공기에 의한 외국항행용역"은 선박회사 또는 항공사(Carrier)에 관련된 조항으로서 다음의 경우를 말한다.

(1) 선박에 의한 외국항행용역

공급받는 자가 국내사업장이 없는 비거주자 또는 외국법인인 경우에 한하여 세금계산서의 발행의무가 면제된다. 따라서 국내사업장이 있는 비거주자 또는 외국법인인 경우 및 내국인과 국내사업자에게 용역을 제공하는 경우에는 세금계산서를 발행하여야 한다.

(2) 항공기에 의한 외국항행용역

국내사업장 유무를 따지지 않으며, 항공기에 의한 외국항행용역의 경우에는 탑승객이 누구냐에 관계없이 세금계산서 발행의무가 면제된다. 그러나 현실적으로 항공권은 영수증으로 보고 있으므로 영수증을 발행하고 있는 것이다.

(3) 항공법에 의한 상업서류 송달용역

공급받는 자가 누구냐에 상관없으며 비거주자 또는 내국법인의 경우에도 국내사업장 유무를 따지지 않고 세금계산서 발행이 면제된다

3) 운송주선범위와 대가에 따른 세금계산서 발행

복합운송업자의 운송주선범위와 대가에 따른 세금계산서 발행을 살펴보면 다음과 같다.

(1) 항공수출의 경우

화주에게 대가를 수수하는 모든 금액에 대해 세금계산서를 발행하여야 한다. 그러나 그 대가를 지급하는 상대방이 국내에 사업장이 없는 외국법인이거나 비거주자일 경우에는 세금계산서를 발행할 수 없다.

즉, 대가의 지급조건이 Prepaid인 경우에는 세금계산서를 발행하여 하며 Charge Collect인 경우에는 세금계산서를 발행할 수 없다.

대가의 구분에 따라 어느 범위까지 영세율이 적용될 것인가는 앞에서 서술한 바와 같다.

(2) 항공수입의 경우

항공수입의 경우에는 국내 복합운송주선업자가 이른바 "Nomination Cargo" 의 업무를 수행하는 국외 수출지 복합운송주선업자의 국내 Agent이라면 이미 결정되어 있는 운임을 국외수출자를 대신하여 징수하여 송금하여 주는 역할을 수행하므로 운임부분에 대해서는 세금계산서를 발행할 수 없으며 국내에서 이루어지는 알선수수료형식의 Handling Charge에 대해서만 세금계산서를 발행할 수 있다.

이 경우 Handling Charge는 국내에서 제공되는 용역이므로 과세로서 세금계산서를 발행하여야 하며 환율변동으로 인한 환차손익의 분산을 위해 화주에게 Collect charge fee를 별도로 받는다면 handling charge와 함께 세금계산서를 발행하여야 한다.

그러나 국내 수입화주에게 운임을 결정권을 가지고 화주에게 운임을 청구하는 경우는 복합운송주선업자가 국제운송주선용역을 제공하는 것이므로 운임을 포함한 모든 대가를 영세율로 화주에게 세금계산서를 발행하여야 한다.

그런데 지금까지 문제가 되어왔던 것은 Inbound에 있어서 운임은 모두 세금계산서 발행면제이며 Handling Charge만이 과세분으로 세금계산서를 발행하여야 한다는 인식을 갖고 있기 때문이다. 대가의 명칭에 따라 세금계산서 발행의무가 있거나 면제되는 것이 아니고 그 용역의 공급행위가 복합운송주선업자가 스스로 용역제공에 대한 대가를 창출하고 있는가의 여부에 따라 세금계산서 발행의무가 나누어져야 할 것으로 생각한다.

(3) 해상수출의 경우

해상수출의 경우에는 복합운송주선업자가 국내에서 받는 모든 대가에 대하여 화주에게 세금계산서를 발행하여야 한다.

세금계산서는 운임을 포함한 모든 금액을 영세율 세금계산서로서 발행할 수 있다. 다만, Wharfage(부두사용료)는 용역의 공급에 대한 대가가 아니므로 세금계산서에 표기하지 않고 비고란에 부기하여 징수한다.

(4) 해상수입의 경우

해상수입의 경우는 항공수입과는 달리 세금계산서를 발행하여야 한다.

현행 부가가치세법시행령 제57조 1항 3호에 의하면 선박 또는 항공기의 외국항행용역으로서 공급받는 자가 국내에 사업장이 없는 비거주자 또는 외국법인인 경우에 세금계산서발행의무를 면제하여 주고 있고, 항공기에 의해 화물을 국내에서 국외로, 국외에서 국내로, 국외에서 국외로 수송하는 경우 세금계산서 발행의무를 면제하고 있을 뿐 선박에 의한 외국항행용역은 세금계산서 발행의무 면제규정이 없다.

따라서 해상수입의 경우도 국내 화주에게 청구하는 모든 운임과 기타 수수료에 대해서 세금계산서를 발행하여야 할 것이다.

(5) 컨테이너세와 부두사용료의 세금계산서 발행

부가가치세 과세표준이란 무엇인가? 사업자가 재화를 판매하거나 용역을 제공하고 상대방으로부터 대가를 받는 경우 그 대가를 부가가치세 과세표준으로 하여 부가가치세 세율인 10% 또는 0%를 적용하여 부가가치세를 산출하기 위한 세액산출의 기초가액을 말한다.

세금계산서란 이러한 부가가치세 과세표준금액을 "공급가액" 난에 적고, 세율을 적용한 부가가치세액을 "세액"난에 적어 거래상대방에게 발행하는 일종의 영수증을 말하는 것이다.

그런데 부가가치세 과세표준인 재화나 용역의 공급대가란 재화나 용역 제공자(공급자)의 "공급"이라는 행위에 대해 수혜자(공급받는 자)가 응분의 보상으로서 금전 등을 지급하고 그 금전 등의 소유권이 제공자에게 이전되는 경우 당해 금전 등을 말하는 것이다. 즉, 재화나 용역의 공급자는 그 재화 등의 소유권을 공급받는 자에게 넘겨주고, 공급받는 자는 그 보상으로서 금전 등의 소유권을 공급자에게 넘겨주어야 한다.

이렇게 소유권이전이 전제되므로 현행 부가세법에서는 사업자가 위탁 또는 대리에의 하여 재화를 공급하는 경우 수탁자 또는 대리인은 공급대가의 소유권이 위탁자에게 있으므로 위탁자 이름으로 세금계산서를 내주어야 한다.

같은 논리로 Container Tax는 지방자치단체(부산광역시)를 대신하여 복합운송주선업자가 화주로부터 대리 징수하는 것이므로 소유권이 부산광역시에 있으므로 당연히 부가가치세 과세표준에 해당하지 아니한다.

또한, Wharfage는 컨테이너 전용부두사용에 대한 대가를 선사는 복합운송주선업자에게, 복합운송주선업자는 화주에게 대리 징수하는 것으로서 그 부두사용료를 선사 또는 복합 운송주선업자가 소유하는 것이 아니므로 부가가치세 과세표준에 해당하지 아니한다.

물론 지급하는 Wharfage와 징수하는 Wharfage가 차액이 발생하여 선사 또는 복합운송 주선업자가 그 차액을 소유하게 되는 경우가 발생하는데 이는 계산상 발생하는 차액이지 대가로서의 차액이 아니다.

따라서 Container Tax와 Wharfage는 부가가치세 과세표준으로서 세금계산서 공급가액에 운임 등과 합산하여 기재하여서는 안 되며 비고란에 부기하여 선사는 복합운송주선 업자에게 복합운송주선업자는 화주에게 징수하여야 한다. 또한, 회계처리는 예수금 등으로 처리하고 차액이 남는 것은 영업외수익으로 계상하여도 무방하다.

이에 대한 관련 예규는 다음과 같다.

> **(예규)**
> 복합운송용역업체가 해상운송 등 용역대가수령 시 지방세 등을
> 대행수납하는 경우 세금계산서발행대상 여부

(부가46015-4412, 1999.10.29)

질의 복합운송용역업체(서비스)에서 해상운송과 항공운송을 대행하면서 지방세(컨테이너 지방세·부두사용료·화물 입출항료 등)에 대한 부분도 포함해서 서비스용역을 대행하게 되는데 이때 해상운임은 영세율 세금계산서가 발행되고 지방세는 세금계산서"비고"란 에 표기되거나 간이세금계산서 또는 입금표가 발행되는데 세금계산서 비고란에 표기되는 지방세부분을 부가가치세신고 때 계산서로 발행, 신고를 해야 하는지와 이때 발행되는 영세율 세금계산서상 공급받는 자는 국내업체인데, 계산서로 신고의무가 없는 경우에는 소득세법 제27조, 제160조의 2, 소득세법 시행령 제208조의 2에 의거하여 가산세적용 여부를 질의함.

회신 복합운송용역업체에서 해상운송과 항공운송을 대행하면서 동 용역에 대한 대가수령 시 지방세(컨테이너세) 등을 포함하여 수령하는 경우 지방세 등 대행수납분은 부가가치세법 제1조 제1항 제1호 및 동법시행령 제2조 제1항의 규정에 의한 부가가치세과세대상 및 소득세법 제163조의 규정에 의한 계산서발행대상이 아니므로 세금계산서 및 계산서를 발행하지 아니하는 것임.

6

세금계산서 관련 가산세

1) 미발행·위장·가공 세금계산서 관련 가산세

(1) 세금계산서 미발행 가산세

사업자가 법 제16조 제1항에 의하여 세금계산서를 발행하지 아니한 경우에는 그 공급가액에 대하여 100분의 2에 상당하는 금액을 납부세액에 가산하거나 환급세액에서 공제한다. 또한, 세금계산서를 발행한 후 당초의 공급가액에 추가 또는 차감되는 금액이 발생한 경우 수정세금계산서를 발행하지 않는 경우에도 세금계산서 미발행 가산세가 적용된다

참고 경정조사 시 매출누락분 등에 대해서 세금계산서를 발행하지 않았다면, 매출세금계산서합계표 관련 가산세는 적용할 수 없으므로, 세금계산서 미발행 가산세가 적용된다.

(2) 위장세금계산서 관련 가산세

① 발행

사업자가 재화 또는 용역을 공급하고 실제로 재화 또는 용역을 공급하는 자 외의 자의 명의로 세금계산서를 발행한 때에는 그 공급가액에 대하여 100분의 2에 상당하는 금액을 납부세액에 가산하거나 환급세액에서 공제한다

② 수취

사업자가 재화 또는 용역을 공급받고 실제로 재화 또는 용역을 공급하

는 자 외의 자의 명의로 세금계산서를 발행받은 때에는 그 공급가액에 대하여 100분의 2에 상당하는 금액을 납부세액에 가산하거나 환급세액에서 공제한다. (2008.1.1. 이후부터 적용)

(3) 가공세금계산서 관련 가산세

① 발행

사업자가 재화 또는 용역을 공급하지 아니하고 세금계산서를 발행한 때에는 그 공급가액(세금계산서에 기재된 금액)에 대하여 100분의 2에 상당하는 금액을 납부세액에 가산하거나 환급세액에서 공제한다.

② 수취

사업자가 재화 또는 용역을 공급받지 아니하고 세금계산서를 발행받은 때에는 그 공급가액에 대하여 100분의 2에 상당하는 금액을 납부세액에 가산하거나 환급세액에서 공제한다. (2008.1.1. 이후부터 적용)

참고 미발행·위장·가공 세금계산서 관련 가산세가 적용되는 부분에 대하여는 미(허위)등록, 매출(매입)세금계산서합계표 부실기재 가산세를 적용하지 아니한다.

2) 매출세금계산서 관련 가산세

(1) 매출처별 세금계산서합계표 불성실 가산세

① 미제출 가산세

납세의무자로 등록한 사업자가 재화 또는 용역을 공급하고 발행한 세금계산서에 대한 매출처별 세금계산서합계표를 예정신고·확정신고 또는 예정신고누락분을 확정신고 시 제출하지 아니한 때에는 제출하지 아니한

분의 공급가액에 대하여 100분의1에 상당하는 금액을 납부세액에 가산하거나 환급세액에서 공제한다.

이 경우 사업자가 예정신고나 확정신고시 제출하지 아니하고 수정신고와 함께 제출한 경우에는 매출처별 세금계산서합계표 미제출가산세를 적용한다.

② 부실기재 가산세

납세의무자로 등록한 사업자가 재화 또는 용역을 공급하고 발행한 세금계산서에 대하여 예정신고·확정신고 또는 예정신고누락분을 확정신고하는 때 제출한 매출처별세금계산서합계표의 기재사항 중 거래처별 등록번호 또는 공급가액의 전부 또는 일부가 기재되지 아니하거나 사실과 다르게 기재된 때에는 기재사항의 전부 또는 일부가 기재되지 아니하거나 사실과 다르게 기재된 분의 공급가액에 대하여 100분의 1에 상당하는 금액을 납부세액에 가산하거나 환급세액에서 공제한다

다만, 매출처별 세금계산서합계표의 기재사항이 착오로 기재된 경우(예정신고누락분을 확정신고 시 제출하는 경우 제외)로서 발행한 세금계산서에 의하여 거래사실이 확인되는 공급가액에 대하여는 가산세를 적용하지 아니한다

(2) 매출처별 세금계산서합계표를 부실기재한 경우.

① 매출세금계산서를 매입처별 합계표에 기재한 경우

사업자가 재화 또는 용역을 공급하고 발행한 세금계산서를 부가가치세 신고 시 매입처별 세금계산서합계표에 잘못 기재하여 제출한 경우의 가산세는 매출처별 세금계산서합계표 미제출 가산세를 적용하고, 매입처별 세금계산서합계표 기재불성실가산세를 적용하며, 신고납부 불성실 가

산세(신고하지 아니한 납부세액의 100분의10)를 적용하는 것이다(부가
46015-2020, 1998.9.9).

② 사업자등록자에게 주민등록번호 기재 세금계산서 발행하는 경우

청구법인이 사업자등록번호를 부여받은 사업자와 거래하면서 거래상
대방의 주민등록번호를 기재하여 발행한 하는 경우 처분청이 가산세를
부과한 처분은 적법한 것으로 판단함.(국심 2000구637, 2000.10.2), (감심
1999-344, 1999.11.16)

③ 세금계산서를 이중발행하여 매출처별세금계산서합계표를 제출한
  경우

사업자가 한 건의 재화 또는 용역의 공급에 대하여 착오로 세금계산서
를 이중(2매)으로 발행하여 부가가치세확정신고 시 매출처별세금계산서
합계표를 작성·제출한 후 경정청구를 하는 경우에는 가산세는 적용되지
않는다(부가46015-1145, 2000.5.23).

④ 신고미도래분을 착오로 미리 제출한 경우

사업자가 부가가치세 확정신고를 함에 있어 부가가치세법 확정신고기
한(1월 1일~1월 25일 또는 7월 1일~7월 25일)내에 재화 또는 용역을
공급하고 발행한 세금계산서를 착오로 매출처별세금계산서합계표에 작
성하여 부가가치세를 과다하게 신고·납부한 후 경정청구하는 경우에는
부가가치세법 제22조 제3항 단서 규정에 의하여 매출처별세금계산서합
계표 관련 가산세가 부과되지 아니한다(부가46015-2894, 1999.9.20).

⑤ 매출거래와 반품거래를 동시에 신고누락한 경우

사업자가 매출거래와 반품거래에 대하여 각각 세금계산서를 발행하였
으나 부가가치세 신고시 제출하는 매출세금계산서합계표에 이들 모두 기

130

재누락한 경우에는 당해 세금계산서 각각 공급가액 합계액(음수의 경우 절대값으로 합계)에 대하여 매출세금계산서합계표 불성실가산세를 적용한다(부가46015-726, 1998.4.14).

(3) 가산세가 부과되지 않는 경우

① 사업자가 건설업자로 부터 상가를 분양받아 매매계약 체결후 사업자 등록증 사본을 제시하였으나 착오로 사업자등록번호를 주민등록번호로 세금계산서를 발행한 경우(부가46015-393, 2000.2.19)

② 사업자가 부가가치세 확정신고를 함에 있어 부가가치세 확정신고기한(1월 1일~1월 25일 또는 7월 1일~7월 25일)내에 재화 또는 용역을 공급하고 발행한 세금계산서를 착오로 매출처별세금계산서합계표에 작성(부가46015-2894, 1999.9.20)

③ 세금계산서 제출합계표 입력시 A사에 입력되어야 할 세금계산서를 B사에 입력하여 잘못 기재된 세금계산서 제출합계표를 제출한 경우(부가46015-598, 1999.3.5, 부가 46015-112, 1996.1.19)

④ 상대거래처 본점 및 지점에 개별적 매출 발생하여 본점과 지점 각각의 사업자등록번호로 세금계산서 발행 후 부가가치세 신고서 diskette 제출시 별도세금계산서로 제출하였으나 매출합계표 작성시 지점 사업자등록번호에 본지점 2장 합계액으로 신고(부가46015-2819, 1998.12.22)

⑤ 법인 전환하였으나 종전 개인사업자등록번호를 기재한 경우(부가46015-1967, 1998.8.31)

⑥ 전산조직에 의하여 매출세금계산서합계표를 제출함에 있어서 매출세금계산서를 발행한 사실이 없는 거래내용이 착오로 입력되어 매출을

과다하게 신고(부가46015-2378, 1997.10.18)

⑦ 예정신고시 매입처별세금계산서합계표에 착오로 확정신고기간에 관련된 매입세금계산서를 포함하여 신고(부가46015-1504, 1997.7.3)

⑧ 매출처별세금계산서합계표 작성시 착오로 2개 거래처의 거래내역을 1개 거래처의 거래내역으로 작성·제출한 경우(부가46015-260, 1997.2.1)

⑨ 사업자가 세금계산서를 발행함에 있어서 공급가액을 착오로 과다하게 기재하여 발행하고 이에 의한 매출처별세금계산서합계표도 과다하게 기재된 경우 당해 착오로 인하여 과다하게 기재된 분(부가46015-211, 1996.2.1)

⑩ 사업자가 실지거래한 매출세금계산서상의 공급가액을 착오로 판독하여 매출세금계산서합계표에 과다하게 기재(부가46015-1849, 1995.10.7)

⑪ 사업자가 한 건의 재화 또는 용역의 공급에 대하여 착오로 세금계산서를 이중(2매)으로 발행하여 부가가치세법 제19조의 규정에 의한 부가가치세 확정신고시 매출처별세금계산서합계표를 작성·제출(부가46015-1145, 2000.5.23)

(4) 매출처별 세금계산서합계표 지연제출가산세

사업자가 매출처별세금계산서합계표를 각 예정신고와 함께 제출하지 아니하고 당해 예정신고기간이 속하는 과세기간의 확정신고와 함께 제출하는 경우(*기재사항 중 등록번호 또는 공급가액의 전부 또는 일부가 기재되지 아니하거나 사실과 다른 경우 제외)에는 그 공급가액에 대하여 1천분의5에 상당하는 금액을 납부세액 가산하거나 환급세액에서 공제한다

참고 (*)안의 규정은 예정신고누락분을 확정신고시 매출처별세금계산서합계표에 합계하여 기재하였으나 예정신고누락분에 대한 등록번호 또는 공급가액의 전부 또는 일부가 기재되지 아니하였거나 사실과 다른 경우 그 부분에 대하여 세금계산서합계표부실기재가산세를 적용하고 지연제출가산세를 적용하지 않는다는 의미임

(5) 세금계산서 관련 가산세

이 항목은 (1)의 매출세금계산서합계표 관련 가산세가 적용되는 경우에는 적용하지 않는다.

① 세금계산서 부실기재가산세

사업자가 세금계산서의 필요적 기재사항의 전부 또는 일부가 기재되지 아니하거나 사실과 다른 때에는 그 공급가액에 대하여 100분의1에 상당하는 금액을 납부세액에 가산하거나 환급세액에서 공제한다

다만, 세금계산서의 필요적 기재사항 중 일부가 착오로 기재되었으나 당해 세금계산서의 그밖의 필요적 기재사항 또는 임의적 기재사항으로 보아 거래사실이 확인되는 경우에는 적용하지 아니한다

② 세금계산서 미발행가산세

사업자가 세금계산서를 발행하지 아니한 경우에는 그 공급가액에 대하여 100분의 2에 상당하는 금액을 납부세액에 가산하거나 환급세액에서 공제한다

또한 세금계산서를 발행한 후 당초의 공급가액에 추가 또는 차감되는 금액이 발생한 경우 수정세금계산서를 발행하지 않는 경우에도 세금계산서미발행가산세가 적용된다

참고 경정조사 시 매출누락분 등에 대해서 세금계산서를 발행하지 않

았다면, 매출세금계산서합계표 관련 가산세는 적용할 수 없으므로, 세금계산서 미발행가산세가 적용된다.

③ 가공세금계산서가산세

사업자가 재화 또는 용역을 공급하지 아니하고 세금계산서를 발행한 때에는 그 공급가액(그 세금계산서에 기재된 금액을 말함)에 대하여 100분의 2에 상당하는 금액을 납부세액에 가산하거나 환급세액에서 공제한다

④ 타인 명의 세금계산서발행 가산세

사업자가 재화 또는 용역을 공급하고 실제로 재화 또는 용역을 공급하는 자 외의 자의 명의로 세금계산서를 발행한 때에는 그 공급가액에 대하여 100분의 2에 상당하는 금액을 납부세액에 가산하거나 환급세액에서 공제한다.

3) 매입세금계산서 관련 가산세

사업자가 다음 각호에 해당하는 경우에는 매입처별 세금계산서합계표에 의하지 아니하고 세금계산서에 의하여 공제받은 매입세액에 해당하는 공급가액 또는 제출한 매입처별 세금계산서합계표의 기재사항 중 사실과 다르게 과다하게 기재하여 신고한 공급가액에 대하여 100분의 1에 상당하는 금액을 납부세액에 가산하거나 환급세액에서 공제한다.

다만, 매입처별 세금계산서합계표의 기재사항이 착오로 기재된 경우로서 발행하였거나 발행받은 세금계산서에 의하여 거래사실이 확인되는 분의 공급가액에 대하여는 그러하지 아니다.

① 공급시기 이후에 발행받은 세금계산서로서 법 제17조 제2항 제1호의

2 단서의 규정에 의하여 매입세액을 공제받는 경우

법 제17조 제2항 제1호의 2 단서에 규정하는 대통령령이 정하는 경우는 다음 각호의 1에 해당하는 경우를 말한다.
1. 제7조 제1항의 규정에 의하여 사업자등록을 신청한 사업자가 제7조 제3항의 규정에 의한 사업자등록증발행일까지의 거래에 대하여 당해 사업자 또는 대표자의 주민등록번호를 기재하여 발행받은 경우
2. 법 제16조 제1항의 규정에 의하여 발행받은 세금계산서의 필요적 기재사항 중 일부가 착오로 기재되었으나 당해 세금계산서의 그밖의 필요적 기재사항 또는 임의적 기재사항으로 보아 거래사실이 확인되는 경우
3. 재화 또는 용역의 공급시기 이후에 발행받은 세금계산서로서 당해 공급시기가 속하는 과세기간 내에 발행받은 경우

② 매입처별 세금계산서합계표를 제출하지 아니한 경우 또는 제출한 매입처별 세금계산서합계표의 기재사항 중 거래처별 등록번호 또는 공급가액의 전부 또는 일부가 기재되지 아니하거나 사실과 다르게 기재된 경우

③ 제출한 매입처별 세금계산서합계표의 기재사항 중 공급가액을 사실과 다르게 과다하게 기재하여 신고한 때

(1) 매입세금계산서 지연수취 가산세

사업자가 재화 또는 용역의 공급시기 이후에 발행받은 세금계산서로서 당해 공급시기가 속하는 과세기간 내에 발행받아 세금계산서 또는 매입처별 세금계산서합계표에 의하여 제17조 제2항 제1호의 2 단서의 규정에 의하여 매입세액을 공제받는 경우

다만, 매입처별 세금계산서합계표의 기재사항이 착오로 기재된 경우로서 발행하였거나 발행받은 세금계산서에 의하여 거래사실이 확인되는 분의 공급가액에 대하여는 그러하지 아니하다.

참고

① 수정신고, 경정청구, 기한경과 후 신고 시 제출하는 경우에도 가산

세 적용(2000.1.1부터 적용)

② 매입세액으로 공제하지 않으면 적용하지 않는다.

이 경우 합계세금계산서의 공급가액 중 1역월의 범위를 초과하여 월을 달리하여 발행받은 매입세액은 공급받는 자의 매출세액에서 공제하는 것이나, 매입세금계산서 지연수취 가산세는 부과된다. (제도46015-12172, 2001.7.16)

(2) 매입처별 세금계산서합계표 미제출 가산세

사업자가 사업자와 세관장으로부터 발행받은 세금계산서에 대한 매입처별 세금계산서합계표를 예정신고 및 확정신고 시 또는 예정신고누락분을 확정신고와 함께 제출하지 아니하고 경정결정 시 매입세금계산서를 경정기관의 확인을 거쳐 정부에 제출함으로써 매입처별 세금계산서합계표에 의하지 아니하고 세금계산서에 의하여 매입세액을 공제받는 때를 말함.

매입세금계산서합계표를 미제출한 경우에는 매입세액으로 공제되지 않는다. 또한, 매입세액으로 공제되지 않으면 가산세를 적용할 수도 없다. 따라서 이 규정은 결국 경정조사 시 매입세금계산서를 경정기관의 확인을 거쳐 정부에 제출함으로써 매입처별 세금계산서합계표에 의하지 아니하고 세금계산서에 의하여 매입세액을 공제받는 때에 적용되는 규정으로 보아야 한다.

또한, 매입처별 세금계산서합계표를 제출하지 않아 매입세액으로 공제받지 않았으나 다음과 같이 매입세액으로 공제받는 경우에는 매입처별 세금계산서합계표 미제출가산세를 적용하지 않는다.

① 발행받은 세금계산서에 대한 매입처별 세금계산서합계표 또는 신용카드매출전표수취명세서를 과세표준수정신고서와 함께 제출하는

경우

② 발행받은 세금계산서에 대한 매입처별 세금계산서합계표 또는 신
용카드매출전표수취명세서를 경정청구서와 함께 제출하여 경정기
관이 경정하는 경우

③ 발행받은 세금계산서에 대한 매입처별 세금계산서합계표 또는 신
용카드매출전표수취명세서를 기한 후 과세표준신고서와 함께 제출
하여 관할세무서장이 결정하는 경우

④ 발행받은 세금계산서에 대한 매입처별 세금계산서합계표의 거래처
별 등록번호 또는 공급가액이 착오로 사실과 다르게 기재된 경우로
서 발행받은 세금계산서에 의하여 거래사실이 확인되는 경우

(3) 매입처별 세금계산서합계표 부실기재 가산세

사업자가 예정신고 및 확정신고 시 또는 예정신고누락분을 확정신고
와 함께 제출한 매입처별 세금계산서합계표의 기재사항 중 거래처별 등
록번호 또는 공급가액의 전부 또는 일부가 기재되지 아니하거나 사실과
다르게 기재된 경우

다만, 매입처별 세금계산서합계표의 기재사항이 착오로 기재된 경우로
서 발행하였거나 발행받은 세금계산서에 의하여 거래사실이 확인되는 분
의 공급가액에 대하여는 그러하지 아니하다.

또한, 위의 매입세금계산서합계표 미제출 가산세와 같이 과세표준수정
신고서 또는 경정청구서 및 기한경과 후 신고 및 착오기재분에 대하여
거래사실이 확인되는 경우에 대해서는 가산세를 적용하지 아니한다.

참 고 등록번호와 공급가액만 검토 대상이며, 건수와 세액 등은 해당 안 된다.

제출한 매입처별 세금계산서합계표의 기재사항 중 거래처별 등록번호
또는 공급가액의 전부 또는 일부가 기재되지 아니하거나 사실과 다르게

기재된 경우에는 매입세액으로 공제되지 않는다. 그러나 기재사항이 착오로 기재된 경우로서 발행하였거나 발행받은 세금계산서에 의하여 거래사실이 확인되는 분에 대해서는 매입세액으로 공제되며 가산세를 적용하지 않는다.

따라서 이 규정은 확정분을 예정신고 시 제출하는 등 부실기재에 해당함에도 매입세액으로 공제받고, 추후 과세관청에서 경정결정을 하는 경우에 적용되는 규정으로 보아야 한다. 이 경우에도 부실기재 사실을 알고 수정신고 등을 통하여 이를 바로잡을 때에는 가산세가 적용되지 않는다.

(4) 매입처별 세금계산서합계표 공급가액 과다기재신고 가산세

사업자가 예정신고 및 확정신고 시 또는 예정신고누락분을 확정신고와 함께 제출한 매입처별 세금계산서합계표의 기재사항 중 공급가액을 사실과 다르게 과다하게 기재하여 신고한 때에는 사실과 다르게 과다하게 기재하여 신고한 공급가액(예, 매입공급가액 2천만원을 3천만원으로 과다기재 시 과다기재분 1천만원에 대하여만 매입세액으로 불공제하고 가산세 적용)

✅ 과다기재의 의미

과세관청에서도 "매입처별 세금계산서합계표의 기재사항 중 사실과 다르게 과다하게 기재하여 신고한"의 의미는 정상적으로 발행받은 세금계산서상의 공급가액을 매입처별 세금계산서합계표에 과다하게 기재한 것으로 해석하는 등 그동안의 심판례를 수용한 것임을 알 수 있다.

최근의 심판례에서 보면 「사실과 다르게 과다하게 기재하여 신고」의 의미를 당해 과세기간에 정당하게 거래하지 않고 세금계산서를 발행받아 합계표에 기재하여 신고한 것으로 해석하는 경향이 있다.

예를 들면 가공거래, 위장거래, 전기분을 이번 기에 신고하는 경우 등은 가산세가 적용되는 것으로, 당해 과세기간에 정당하게 거래가 있는 것인 등록 전 매입세액, 과세거래가 아닌 거래를 과세거래로 세금계산서를 발행받은 것 및 공제받지 못할 사업 무관 자산에 대해 매입세액으로 공제신고한 경우에는 가산세를 부과할 수 없다고 해석했다.

즉, 당해 과세기간에 부가가치세로 거래 징수당한 사실이 있는 경우에 해당하면 가산세를 적용할 수 없다고 해석했다.

참고 공급가액 과다기재 가산세는 수정신고 또는 경정청구 및 기한 경과 후 신고 시 제출하는 경우에도 가산세적용

공급가액 과다 기재로 보는 사례는 다음과 같다.
① 실물거래 없이 영세율 세금계산서만을 발행받아 매입처별 세금계산서합계표를 제출한 경우(부가46015-1385, 1998.6.24)
② 재화 또는 용역의 공급받은 사실이 없이 세금계산서만을 발행받고 매입처별 세금계산서합계표에 동 세금계산서상의 공급가액을 기재한 경우도 포함하는 것임(부가46015-1505,1997.7.3)
③ 위장세금계산서에 대하여 수정신고하는 경우 (부가46015-2854, 1998.12.26)
④ 반품에 대해 공급자로부터 발행받은 (매입감액) 세금계산서를 신고 누락하고 수정신고하는 경우(부가46015-413, 1999.2.12)
⑤ 사업자등록 전에 공급받고 그 공급시기가 아닌 사업자등록 후 세금계산서를 발행받아 매입세액으로 공제한 경우 (부가46015-235, 2000.1.26)
⑥ 간이과세자로부터 발행받은 세금계산서에 대해 매입세액 공제 및

환급 (국심2000중2583, 2001.3.19)

⑦ 이미 예정신고한 분을 확정신고시 착오로 매입처별세금계산서합계
표에 합산신고 (제도46015-11608, 2001.6.20)

(5) 세금계산서 등 관련

사업자가 다음중 하나에 해당하는 경우에는 공급가액에 대하여 100분
의 1에 상당하는 금액을 납부세액에 가산하거나 환급세액에서 공제한다

① 신용카드매출전표 등 이면기재분 경정기관 확인 공제

공급받는자와 세액을 별도로 기재하고 확인한 신용카드매출전표 등을
발행받아 예정신고 또는 확정신고시 제출하여 공제받지 아니하고 부가가
치세 경정시 경정기관의 확인을 거쳐 정부에 제출함으로써 매입세액을
공제받는 때

② 간이과세자 등 경정 시 일반과세자 방법에 의한 납부세액계산 시

간이과세자가 세금계산서 또는 신용카드매출전표 등을 발행받아 간이
과세자 납부세액계산방법에 의하여 세금계산서 등 수취세액공제를 받지
아니한 경우로서 경정 또는 재경정 시 1역 년의 공급 대가가 일반과세자
적용금액 이상인 경우로서 일반과세자 납부세액 계산방법에 의하여 납부
세액을 계산하는 때에 경정기관의 확인을 거쳐 매입세액으로 공제받으면
그 공급가액에 100분의 1에 상당하는 금액을 납부세액에 가산하거나 환
급세액에서 공제한다.

4) 영세율과세표준 신고불성실 가산세

영세율이 적용되는 과세표준을 예정신고 또는 확정신고를 하지 아니
하거나 그 신고한 과세표준이 신고하여야 할 과세표준에 미달하는 때에

는 그 신고하지 아니한 과세표준, 미달하게 신고한 경우에는 그 미달한 과세표준의 100분의 1에 상당하는 금액을 납부세액에 가산하거나 환급세액에서 공제한다

다만, 수출실적명세서와 영세율첨부서류제출명세서의 기재사항이 착오로 기재되었으나 시행령 64조 제3항 각호의 서류에 의하여 그 사실이 확인되는 경우에는 적용하지 아니한다

참고 2007.1.1. 이후분부터 수정신고의 경우 가산세감면 규정 적용이 안된다(서면3팀-2369, 2007.8.23). 국세기본법에서 감면대상으로 기본법상 무(과소)신고가산세만 규정하고 있고 과소신고가산세는 산출세액에 적용하나 산출세액을 산정할 수 없기 때문이다. 그러나 수정신고란 납세의무자가 과세표준과 세액을 신고한 후 그 기재사항에 누락·오류가 있는 것을 발견한 때에 납세자 스스로 이를 조기에 보정할 수 있는 기회를 유도하기 위함으로 볼 때 영세율신고불성실가산세도 수정신고에 의한 감면을 받아야 한다고 본다.

7

외국계 선사들의 세금계산서 발행형태

현재 우리나라에 진출해 있는 외국계 선사들의 대부분은 운임 등을 복합운송주선업자로부터 받을 때 세금계산서를 발행하여 주고 있지 아니한다. 외국계 선사라고 해서 국내 선사들과 세금계산서 발행에 있어서 차별화된 대우를 받을 수는 없다. 우리나라 세법에 정하여져 있는 제 신고의무를 이행해야 할 것이다.

그럼에도, 세금계산서를 발행하지 않는 이유는 무엇인가?

그 이유는 외국계선사들은 국내에 사업장이 없는 비거주자 또는 외국법인으로 보아 세금계산서를 발행할 수 없다는 입장이다. 외국법인의 경우 국내사업장이 있는 경우와 없는 경우로 나뉘어 세무회계처리를 할 수 있는 데 국내사업장이 있다면 내국법인과 마찬가지로 세무회계처리를 하여야 하고 국내사업장이 없다면 국내원천소득에 대하여 원천징수납부로서 납세의무를 종결하도록 하고 있다.

따라서 외국선박회사가 국내에서 운송용역을 제공하는 경우 국내에 해운대리점을 설치하거나 국내업체와 해운대리점 계약을 맺게 되는데 이때 그 해운대리점을 국내사업장으로 볼 것이냐의 여부가 세금계산서 발행의 관건이 될 것이다.

1) 외국법인의 국내사업장

우리나라 법인세법 제94조를 보면 외국법인의 국내사업장을 다음과 같이 규정하고 있다.

① 외국법인이 국내에 사업의 전부 또는 일부를 수행하는 고정된 장소

를 가지고 있는 경우에는 국내사업장이 있는 것으로 보며 여기에는 지점, 사무소, 작업장, 창고 또는 고용인을 통하여 일년 중 6개월을 초과하는 기간동안 용역을 제공하는 장소등을 포함하고 있다.

② 외국법인이 제1항의 규정에 의한 고정된 장소를 가지고 있지 아니한 경우에도 국내에 자기를 위하여 계약을 체결한 권한을 가지고 그 권한을 반복적으로 행사하는 자 또는 이에 준하는 자로서 대통령령이 정하는 자를 두고 사업을 영위하는 경우에는 그자의 사업장 소재지에 국내사업장을 둔 것으로 한다.

2) 외국법인의 국내사업장에 포함하지 아니하는 경우

다음의 장소는 국내사업장에 포함하지 아니한다.
① 외국법인이 자산의 단순한 구입만을 위하여 사용하는 장소.
② 외국법인이 판매목적이 아닌 자산의 저장 또는 보관을 위하여서만 사용하는 장소.
③ 외국법인이 광고, 선전, 정보의 수집과 제공 · 시장조사 또는 기타 그 사업수행상 예비적이고 보조적인 성격을 가진 사업 활동을 행하기 위하여 사용하는 장소.
④ 외국법인이 자기의 자산을 타인으로 하여금 가공하게하기 위하여만 사용하는 장소.

3) 외국선사의 세무신고 등

외국선박회사 국내 지사가 화물운송의 예비적이고 보조적인 활동만을 행하는 경우에 당해 국내지사는 국내사업장에 해당되지 아니하는 것이나, 당해 국내지사가 국내에서 화물운송에 대한 본질적인 업무를 하는 경우 국내지사는 외국선박회사의 국내사업장에 해당되므로 사업자등록을 하고 관련 법인 제세 등을 신고·납부하여야 한다.

5) 외국선사의 국내지사 관련 예규

(예규 1)

외국선박회사 국내지사의 국내영업 관련 세금

(서이46017-12004, 2002.11.04)

질의 1. 외국선박회사 국내 지사가 국내에서 영업을 할 경우 이에 따른 세금관계

2. 국내지사의 영업행위에 대한 제재 및 대리점의 대표이사가 하청업체로부터 리베이트 등을 받고 그 소득을 신고하지 않을 경우의 조세범처벌법 등의 해당여부

회신 외국선박회사 국내 지사가 화물운송의 예비적이고 보조적인 활동만을 행하는 경우에 당해 국내지사는 법인세법 제94조 제4항에 따라 국내사업장에 해당되지 아니하는 것이나, 당해 국내 지사가 국내에서 화물운송에 대한 본질적인 업무를 하는 경우 국내지사는 법인세법 제94조 제2항의 규정에 의하여 외국선박회사의 국내사업장에 해당되므로 법인세법 제111조의 규정에 따라 사업자등록을 하고 관련 법인제세 등을 신고·납부하여야 하는 것입니다.

참고 예규 (국총 46017-830, 1998.12.07)

1. 선박에 의한 국제운송업을 영위하는 외국법인의 국내사업장과 대리점계약을 체결한 국내선박대리점이 화주와 운송계약을 체결하고 국내에서 선적한 화물에 대한 운임을 영수한 후에 이를 동 외국법인에게 송금

144

하는 경우, 당해 운임이 동 외국법인의 국내사업장에 귀속되어 법인세법 제58조의 규정에 의하여 동 국내사업장의 각 사업연도 소득으로 신고·납부되는 때에는 동 국내선박대리점은 법인세법 제59조 제1항의 규정에 의한 원천징수의무가 없는 것입니다.

2. 한편 당해 국내선박대리점이 국외에서 선적한 화물에 대한 운임을 국내의 화주로부터 지급받아 이를 동 외국법인에게 지급하는 경우, 당해 지급금은 법인세법 제55조 제1항에서 규정하는 국내원천소득에 해당되지 않는 것입니다.

> **참고** 예규 (국일 46017-516, 1996.09.14)

국내지점이 있는 홍콩법인이 국내 및 국외에 걸쳐 선박에 의한 국제운송업을 영위하는 때에는 법인세법시행령 제122조 제1항 제7호의 규정에 따라 국내에서 선적한 화물에 관련하여 발생하는 수입금액에 대하여 법인세법 제58조의 규정에 의하여 신고, 납부하여야하며, 동 홍콩법인이 국외에서 선적된 화물운임에 대하여 내국법인(선박회사대리점)으로부터 지급받는 운임은 국외원천소득으로서 국내에서 과세되지 아니합니다.

> **참고** 예규(외인 1264.37-3438, 1984.10.27)

운송주선업 면허를 받아 국제간 이용 운송 용역(해상화물, 항공화물 운송주석, 상업서류 송달 등)을 영위하는 내국법인이 동종의 용역을 영위하는 외국법인과 대리점계약을 체결하고 당해 내국법인이 동 외국법인을 위하여 국제 복합운송계약을 주선하거나 주문을 받고 이에 대한 대가(수수료)를 받는 경우

동 내국법인의 행위는 당해 외국법인과는 종속관계가 없이 독립적으로 그리고 그 행위가 정상적인 자기영업의 통상적 과정에서 수행하는 것이므로 이는 독립적인 중개업자로서의 활동으로 보아 한·네덜란드 조세

협약 제5조 제5항의 규정에 따라 당해 내국법인은 그 외국법인의 국내사업장으로 보지 않습니다.

(예규 2)
국내지점이 있는 외국법인이 제공하는 운송용역에 대한 세금계산서
발행

(부가46015-1803, 1997.5.17)

질의 A사는 스웨덴에 본점을 두고 있으며 수십 척의 선박으로 구성된 선박을 보유하고 전 세계를 대상으로 화물을 운송하는 외국 화물운송사업자이다.

A사는 국내 화주와 선박을 이용한 해상화물운송계약을 체결하고 화물을 유럽 등으로 운송하고 화주는 운송대금을 A사 한국지점에 송금하여 한국지점이 본점으로 송금하기를 희망한다.

이 경우 A사 한국지점이 본사를 대신하여 받는 화물운송 대금에 대하여 부가가치세법 제16조 세금계산서 발행의무 면제조항 적용에서 양설이 있어 아래와 같이 질의함

(갑설) 부가가치세법 제16조 제4항 및 동법 시행령 제57조 제3호의 규정에 의하면 세금계산서 발행의무 면제대상 외국항행 용역에는 항공기의 외국항행 용역만을 규정하고 있어서 선박을 이용한 외국항행용역에 대하여는 세금계산서를 발행하여야 한다.

(을설) A사 한국지점은 설치배경에서도 언급된 바와 같이 외항화물 운송사업과 관련된 일체의 사업활동을 할 수 없고 다만 본사를 위한 보조업무만을 수행하는 조건으로 해양수산부의 허가를 받았기 때문에,

1) 화물운송계약 체결에서부터 선박을 이용한 화물운송까지 실질적인

외국항행 용역은 스웨덴에 소재한 본사가 수행하였고,

2) 선박을 이용한 외국항행용역은 법인세법 제53조 제1항 제4호 및 대한민국과 스웨덴 양국 간의 소득에 대한 조세의 이중과세 회피와 탈세방지를 위한 협약 제8조에 의거하여 법인세 상호면제 대상소득이며,

3) 선박을 이용한 외국항행 용역은 부가가치세법 제11조 제1항 제3호에 규정된 영세율 적용대상 외국항행용역이므로 세금계산서 발행 의무가 면제된다.

회신 국내지점이 있는 화물운송사업을 영위하는 외국법인이 국내 화주와 해상화물 운송계약에 의하여 해상화물 운송용역을 제공하고, 운송료를 동 외국법인 국내지점이 받아 본사로 송금하는 경우에는 외국법인의 국내지점이 국내 화주를 발행받는 자로 하여 세금계산서를 발행하는 것입니다.

8

세금계산서 발행관련 개선사항

우리나라의 복합운송주선업자는 대부분 그 규모가 영세하고 외형 또한 크지 않다. 그러나 업무의 ·특성상 LCL화물의 운송주선을 하므로 소액의 운임으로 많은 화주를 상대로 용역을 제공하게 된다.

또한, 같은 복합운송주선업자라도 규모나 신용에 따라 운송업자로부터 받는 운임이 각각 다르므로 직접 화주에게 운송주선의 용역을 제공하면서도 운송업자가 아닌 다른 복합운송주선업자에게 혼재(Co -Loading)를 의뢰하는 예도 빈번하다.

이러한 복잡한 과정 속에서 모든 화주를 상대로 세금계산서를 발행하기란 쉬운 일이 아니다. 또한, 영세율을 적용받으므로 과세관청입장에서는 부가가치세 세수효과는 없다. 물론 거래의 투명성은 보장되겠지만, 위에서 본 것처럼 수입하는 화물의 경우는 세금계산서를 발행할 수 없으며 수출하는 화물의 경우에도 운임지급이 국내사업장이 없는 비거주자나 외국법인이라면 세금계산서를 발행할 수도 없다.

이처럼 복합운송주선업자의 용역제공 중 많은 부분이 세금계산서 발행면제부분이며 국내 화주에게 운임을 청구하는 경우에만 세금계산서를 발행할 뿐이다.

또한, 영세율 적용을 받는 경우 영세율 첨부서류를 제출에서 "운송용역공급가액일람표" 또는 "공급가액확정명세서"를 제출하도록 규정하고 있으며 그 제출서류에는 복합운송주선업자가 화주에게 제공하는 용역과 그 대가를 상세히 표기하도록 되어 있다.

따라서 영세한 복합운송주선업체에 수많은 화주를 상대로 세금계산서를 발행하라는 것은 납세비용만 증가시키는 일이며 중복되는 일을 강요하는 것일 뿐이다.

거대기업인 항공사에는 세금계산서 발행을 면제하여 주면서 항공사를 대신해 항공화물을 운송주선하는 영세한 업체에 세금계산서를 발행하라는 것은 납세 형평에도 맞지 않는다.

그러므로 복합운송주선업자의 경우에도 항공운임에 대해 세금계산서 발행의무를 면제하여야 한다.

9

세금계산서 관련 예규

> **(예규 1)**
>
> 외국법인 국내대리점에 재화 공급 시 세금계산서 발행의무 여부

(부가46015-1799, 999.6.25)

질의 1. 거래상대방이 국내사업장이 없는 외국선박회사의 대리점으로써 국내법인인 경우 선박에 필요한 물품을 구입했을 경우 납품업체로부터 세금계산서를 받아야 하는지, 즉 납품업체는 외국선박회사의 국내대리점 앞으로 세금계산서발행의무가 있는지.

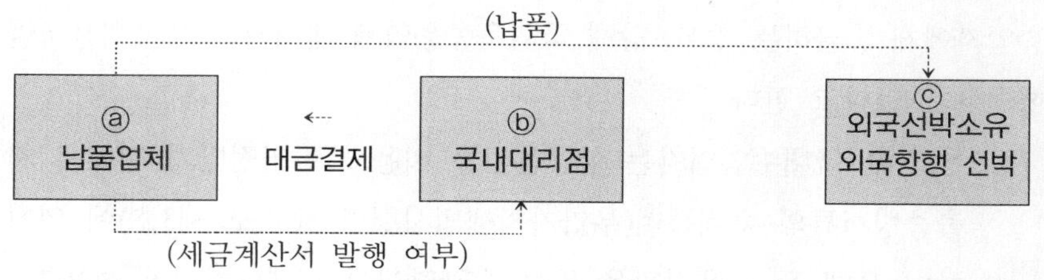

2. 외국선박회사가 국내사업장을 갖고 있으면 어떻게 되는지.

회신 1. 사업자가 국내에서 국내사업장이 없는 외국법인에 재화를 공급하는 경우에는 부가가치세법시행령 제57조 제5호의 규정에 따라 세금계산서발행의무가 면제되는 것임. 다만, 당해 외국법인이 당해 외국의 법인사업자임을 증명하는 서류를 제시하고 세금계산서의 발행을 요구하는

경우에는 부가가치세법 제16조 제1항의 규정에 따라 세금계산서를 발행하여야 하며,

2. 사업자가 국내사업장이 있는 외국법인에 재화를 공급하는 경우에는 당해 외국법인의 국내사업장을 공급받는 자로 하여 부가가치세법 제16조 제1항의 규정에 따라 세금계산서를 발행하여야 함.

(예규 2)

수입화물운송주선업자의 세금계산서 발행 가능 여부

(부가46015-735, 2000.4.3)

질의 부가46015-1660(1999.6.11)에 의하면 운송주선업자가 국외운송업자의 국내대리인으로서 국외운송업자가 발행한 선하증권 및 항공화물운송장을 수취해 국내수입업자에게 단순히 인도하고 운임을 징수해 해외운송업자에게 송금하는 경우, 당해 국외운송용역에 대해서는 세금계산서발행의무가 없다고 한다.

1. 이 경우 국내수입업자는 항공운임을 비용으로 인정받기 위해서 지출증빙서류의 수취특례(부가가치세법시행령 제57조 제3호)에 의거하여 은행 등 금융기관을 통한 송금명세서를 제출하여야 하는지.
2. 만약, 운송주선업자가 영의 세금계산서를 발행한다면 부가가치세법에 위배되어 운송주선업자와 수입업자에게 영향을 미치는지.

회신 운송주선업을 영위하는 사업자가 국내사업장이 없는 외국운송업자의 국내대리인으로서 외국운송업자가 발행한 선하증권 또는 항공화물운송장을 수취하여 국내수입업자에게 단순히 인도하고 운임을 징수하여 외국운송업자에게 송금하는 경우에 당해 운임에 대하여는 외국운송업자

가 제공하는 용역으로서 운송주선업자가 부가가치세법 제16조 제1항의 규정에 의하여 세금계산서를 발행할 수 없는 것이며, 운송주선업자가 당해 운임에 대하여 세금계산서를 발행한 경우에는 동법 제22조 제3항의 규정에 의한 매출처별세금계산서합계표관련 가산세가 부과되는 것임.

(예규 3)

국제복합운송주선업자의 부가가치세 과세표준

(부가46015-61, 2001.1.8)

질의 복합운송주선업체 (주)×××해운은 국내의 송화주와 계약을 맺어 자기의 선박 없이 화물을 외국으로 수송하는 복합운송주선업을 영위하고 있는바 영업활동을 그림으로 나타내면 다음과 같음.

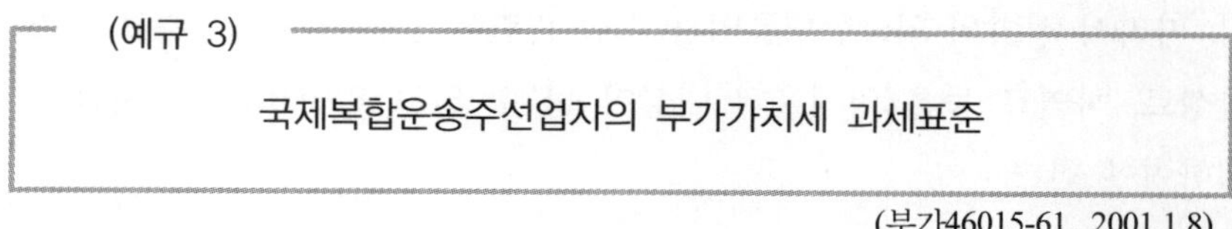

1. 하역료도 영세율의 대상이 될 수 있는지.

(갑설) 하역료도 당연히 영세율의 적용대상이 된다.

(이유) 예규(부가46015-800, 1999.3.25)에 따르면 국제복합운송계약에 따라 화주로부터 화물을 인수하여 자기의 책임하에 국제 간에 화물을 운송하여 주고 대가를 받는 경우 당해 운송용역은 영의 세율을 적용하며 이 경우 부가가치세과세표준은 운송용역과 대가관계에 있는 모든 금전적 가치를 포함한다고 되어 있는데 (주)×××해운의 경우 화주와의 계약서(보통 인보이스로 대체된다)에 의하면 선임 외에도 입출항수수료(wharf age), 서류작성료(document fee), 하역료 등도 하나의 계약으로 이루어지

기 때문임.

(을설) 하역료는 영세율적용대상이 아니다.

(이유) 부가가치세법은 선박의 외국항행용역에 대해서만 영세율을 적용하는 것이고 수출화물의 하역은 운송용역과는 별개로 이루어지기 때문임. 따라서 선박의 외국항행용역과 직접 관련이 없는 입출항수수료, 서류작성료, 하역료 등은 영세율의 대상이 될 수 없고 일반세금계산서를 발행하여야 한다.

2. "갑설"이 맞는다면 영세율첨부서류는 무엇인지.

복합운송주선업은 영세율첨부서류는 외화획득명세서에 영세율이 확인되는 증빙서류를 첨부하여 제출한다(부가법 기본통칙 3-8-9…11, 부가 46015-1247)고 되어 있음. 당사의 경우 인보이스와 같이 선임입출항수수료, 서류작성료는 외화로 영수하나 하역료의 경우는 통상 원화로 수취하고 있음. 따라서 하역료의 경우 외화획득명세서를 작성할 수 없는 바 어떤 서류로 갈음할 수 있는지.

회신 1. 운송주선업을 영위하는 사업자가 국제복합운송계약에 의하여 화주로부터 화물을 인수하여 자기 명의로 선하증권·항공화물운송장 등을 발급하고 타인의 운송수단을 이용하여 화주에 대하여는 자기책임하에 출발지에서 도착지까지 운송용역을 하나의 용역으로 연결하여 국제 간에 화물을 운송해주고 화주로부터 운임을 받는 경우의 국제 간 이용운송용역은 부가가치세법 제11조 제1항 제3호의 규정에 의하여 영의 세율이 적용되는 것이며, 이 경우 부가가치세과세표준에는 하역료를 포함하여 거래상대자로부터 받은 대금·요금·수수료 기타 명목여하에 불구하고 대가관계가 있는 모든 금전적 가치 있는 것을 포함하는 것임.

2. 귀 "질의 2"의 경우는 영세율첨부서류로 외화획득명세서에 영세율이 확인되는 증빙서류를 첨부하여 제출하여야 하는 것임.

(예규 4)
국제항공운송주선업에 대한 부가가치세과세표준 및 세금계산서 발행 여부

(부가46015-5, 2000.1.4)

질의 부가가치세법과 관련하여 아래와 같은 의문점이 있어 질의함.

복합운송주선업을 등록, 영위하는 법인(이하 "A법인"이라 칭함)이 외국의 운송업체가 항공기를 이용하여 외국에서 국내로 물품을 반입할 때 "A법인" 은 공항에서 물품 및 AIR B/L(항공화물운송장)을 인수하여 관리 및 국내 실화주에게 전달하고 있음.

① AIR B/L 상의 내용은, 물품을 보내는 자는 외국의 실제수출업체, 물품인수자는 국내 실화주명의로 되어 있으며, A법인과 외국의 운송업체는 협력관계(Partner)에 있음.

② 항공운임을 도착지 지불(Collect)조건의 물품수입시 A법인은 국내 실화주로부터 항공운임(AIR freight)을 청구·수령하여, 이를 다시 외국운송업체에 송금(월말정산) 하고 있음. 아울러 A법인은 외국운송업체에 대하여 AIR B/L취급수수료(외화기준)를 청구하고 있음. 이는 A법인의 매출(영세율)로 계상함.

③ A법인이 국내 실화주에게 운임을 청구 시

가. 순수한 항공운임

나. 항공운임을 외국운송업체에 송금 시 환율변동, 외화환전 및 송금수수료 명목의 금액(Collect Charge)

→ A 법인에서 건당 금액을 책정하며, 실제 외국운송업체에 송금 시에는 월 합계분을 모아서 송금하기 때문에 화주에게 청구하는 금액이, 실제 송금 시 발생하는 금액보다 초과하게 된다.

다. A 법인의 국내 실 화주에 대한 취급수수료(Handling Charge)를 청구함.

(상기와 같은 거래 시)

1. 상기 ③의 경우 외국운송업체에 대한 청구분을 부가가치세과세표준에 포함 여부
2. A 법인이 도착지 국내 실 화주에 대한 세금계산서발행방법 및 부가가치세과세표준에 대하여 아래의 방법 중 어느 것이 타당한지.

(갑설)
- AIR Freight : 영세율 세금계산서 발행
- Collect Charge 및 Handling Charge : 부가가치세 과세, 세금계산서 발행

(을설)
- AIR Freight 및 Collect Charge : 세금계산서 발행 면제분이며 과세표준에는 포함.
- Handling Charge : 부가가치세 과세, 세금계산서발행

(병설)
- AIR Freight : A 법인의 개입권행사가 없는 외국법인에 대한 단순한 운임수령의 대행으로 보아 부가가치세 과세표준대상이 아님. 그러므로 수입금액(매출)에도 포함되지 아니함.
- AIR Freight 및 Collect Charge : 부가가치세 과세, 세금계산서 발행

만약, 을설과 병설에 해당된다면, 세금계산서 미발행으로 인하여, 2000

년부터 적용되는 100,000원 이상의 경비지출 시 증빙서류와 관련하여, 국내 실화주가 갖춰야 할 서류 또는 처리방법은.

회신 물품수입자에게 인도하고 당해 화주로부터 항공운임을 지급받아 당해 운송주선업자가 받기로 한 대가(AIR B/L 취급수수료)를 차감한 후 외국운송업자에게 송금하고 이와는 별도로 화주로부터 대행수수료(귀 질의의 경우 AIR Freight 및 Collect Charge)를 받는 경우에 있어 항공운임에 대하여는 외국운송업자가 제공하는 용역으로 세금계산서를 발행할 수 없는 것이고, 외국운송업자로부터 받는 대가에 대하여는 부가가치세법시행령 제26조 제1항 제1호의 규정에 의하여 영세율이 적용되는 것이며, 국내 화주로부터 받는 대행수수료에 대하여는 부가가치세가 과세되는 것으로 부가가치세법 제16조 제1항의 규정에 의하여 세금계산서를 발행하여야 하는 것임.

(예규 5)
국제복합운송주선업자의 항공기를 이용한 외국항행용역제공시
세금계사서 발행의무 면제 여부

(재소비46015-61, 2000.2.9)

질의 국제복합운송주선업자의 항공기를 이용한 외국항행용역"이 세금계산서발행의무가 면제되는 "항공기의 외국항행용역"에 해당하는지.

회신 예규(재소비46015-84, 1995.4.15)참조

운송주선업을 영위하는 사업자가 국제복합운송계약에 의하여 화주로부터 화물을 인수하여 자기 명의로 항공화물운송장 등을 발급하고 자기

책임하에 타인의 운송수단을 이용하여 출발지에서 도착지까지 운송용역을 하나의 용역으로 연결하여 국제간의 화물을 운송하여 주고 화주로부터 화물운송용역에 대한 대가를 받는 경우 운송주선업을 영위하는 사업자는 화주에게 부가가치세법 제16조 제1항의 규정에 의하여 운송용역의 대가에 대하여 세금계산서를 발행(공급받는 자가 국내에 사업장이 없는 비거주자 또는 외국법인인 경우 제외)하여야 하는 것임.

제4장

국제물류주선업의 부가가치세

 물류주선업의 부가가치세 이해

1

국제물류주선업의 과세표준

과세표준이란 세액산출의 기초가액으로 재화 또는 용역의 공급에 대한 부가가치세 과세표준은 재화나 용역을 공급하고 받은 대가(공급가액)를 말한다.

사업자가 재화나 용역을 제공하면 거래 상대방으로부터 그 대가를 징수하게 되는데 이때 당해 거래상대방에게 세금계산서를 발행하므로 세금계산서상의 공급가액의 합계액이 부가가치세 과세표준이 된다.

이러한 부가가치세 과세표준이 되는 공급가액에는 대금·요금·수수료 기타 명목 여하에 불구하고 재화 또는 용역의 공급과 대가관계가 있는 모든 금전적 가치가 있는 것을 포함한다. 그러나 대가관계가 없거나 금전적 가치가 없는 것은 과세표준에 포함하지 아니한다.

복합운송주선업자의 과세표준도 운송주선의 용역제공에 따른 모든 대가를 과세표준으로 하여 부가가치세 신고를 하여야 하는데 과세표준에는 세금계산서가 발행되지 않는 부분도 과세표준으로 하기 때문에 운송주선용역의 대가를 국내에 사업장이 없는 비거주자나 외국법인에 받을 때에도 과세표준으로 신고하여야 하며 국내의 사업자가 아닌 개인에게 운송주선의 용역을 제공하는 때도 주민등록번호를 기재하여 세금계산서를 발행하여 부가가치세 과세표준에 포함해야 한다.

예를 들어, 국내의 이삿짐을 운송주선 한다든가, 직접 수화물을 휴대하여 운송주선 한다든가 하는 모든 종류의 운송주선용역에 대한 대가를 과세표준에 포함해야 한다.

2

복합운송주선업의 외화환산

사업자가 재화 또는 용역을 공급하고 그 대가를 외국통화, 기타 외국환으로 받는 경우에는 다음에 규정하는 금액을 부가가치세 과세표준으로 한다.

① 재화 또는 용역의 공급시기가 도래하기 이전에 원화로 환전한 경우에는 그 환전한 금액

② 재화 또는 용역의 공급시기 이후에 외국통화, 기타 외국환상태로 보유하거나 지급받는 경우에는 당해 재화 또는 용역의 공급시기의 외국환 거래법에 의한 기준환율 또는 재정환율에 의해 계산한 금액

그러므로 재화 또는 용역의 공급시기 이후에 환율변동으로 인하여 증감되는 금액은 당해 재화 또는 용역의 과세표준에 영향이 없다.

복합운송주선업자의 경우 위에서 설명한 바와 같이 공급시기가 속하는 과세기간에 당해 공급가액의 합계액을 부가가치세 과세표준으로 신고

하면 되는데, Out Bound의 경우 운임 등을 국외의 수입자에게 받는 조건일 경우 공급시기가 지난 이후에 외화를 수수하게 된다.

일반적으로 선적일(On Board Date)로부터 약 1~2개월의 신용기간을 공여하여 주므로 부가가치세 영세율과세표준을 신고할 때 각 화물의 선적일에 맞추어 기준환율 또는 재정환율에 의한 금액으로 하여 신고한다.

(예규)

외화평가차손의 손금인정 여부

(법인 46012-4102, 1998.12.28)

질의 당사는 국제복합운송면허를 가지고 외국화물운송주선업을 영위하는 법인으로서 당사의 영업내용은 부가세법 기본통칙 3-4-1…11(용선과 이용운송) 제1항 제3호와 동일함.

당사는 운송계약거래에 대하여 다음과 같이 회계처리하는바 여기에서 발생하는 외화환산손실의 인정 여부에 관하여 질의함.

1. 화주에게 B/L과 함께 매출세금계산서(0세율) 발행 시(금액은 11,000,000원으로 가정함)

미수금	11,000,000	선임예수금	11,000,000

2. 외국선사로부터 운임 청구를 받은 때(USD 10,000, 환율 1,000/USD로 가정함)

선임예수금	11,000,000	해외미지급금	10,000,000
		주선 수수료	1,000,000

(즉, 당사는 매출계상 시 화주로부터 받는 금액과 선사 등에게 지급할 금액의 차액을 주선수수료로 계상하고 있음)

3. 연말결산 시 (환율 1,200/USD로 가정함)

외화환산손실 200,000 해외미지급금 200,000

<갑설> 외화미지급금에 대한 환산손실은 당사의 수익에 대응하지 않는 비용으로서 손금으로 인정되지 아니함

(이유) 당사의 영업형태는 운송 "주선"에 불과하고 화주로부터 받을 금액과 선사 등에게 지급할 금액의 차액을 매출로 계상하고 있으므로, 해외미지급금은 실질적으로 화주가 부담하여야 할 채무로서 그에 대한 환산손실을 당사의 손금으로 볼 수 없기 때문임.

<을설> 동 환산손실은 당사의 손금으로 인정된다.

(이유) 당사는 화주와 선사의 중간에서 주선을 주업으로 하지만 일반 주선업(예를 들면 : 부동산중개업)과는 달리 화주 및 선사와 각각 세금계산서와 청구서에 의하여 확정된 금액으로 채권, 채무관계가 형성되고 외화 환산손실은 화주에게 전가할 수 없으므로(실제로 당사가 환산손실을 부담하고 있음) 화폐성 외화부채에 해당하기 때문임

회신 외국화물 운송주선업을 영위하는 법인이 화주로부터 지급받을 운송주선대가와 외국선사에 지급할 선임을 외화를 기준으로 지급받거나 지급하기로 약정함으로써 환율변동에 따른 위험을 당해 법인이 부담하는 경우 동 운송주선대가의 미수금과 미지급 선임은 화폐성외화자산 및 부채에 해당하는 것이므로, 동 자산·부채의 원화기장액과 사업연도 종료일 현재의 환율에 의하여 평가한 원화금액과의 차액은 이를 각 사업연도 소득금액 계산상 손금 또는 익금에 산입하는 것으로 이 경우 외화를 기준

으로 지급받거나 지급하기로 하였는지, 환율변동에 따른 위험을 당해 법인이 부담하기로 하였는지 여부는 계약내용 등에 의하여 사실판단할 사항임

3

부가가치세의 환급

부가가치세 환급이란 부가가치세 매입세액이 매출세액을 초과하는 경우 그 초과하는 금액을 환급세액으로 하여 납세의무자에게 환급하여 주는 것을 말한다. 부가가치세환급에는 일반환급과 조기환급으로 구분한다.

1) 일반환급

사업장 관할세무서장은 과세기간별로 당해 과세기간에 대한 환급세액을 그 확정신고기한 경과 후 30일 내에 사업자에게 환급하여야 한다.

2) 조기환급

사업장 관할세무서장은 영세율이 적용되는 사업자 또는 사업설비를 신설·취득·확장한 사업자에게 조기 환급할 수 있다.

이러한 조기환급은 사업자가 예정신고기간에 또는 과세기간 최종 3월 중 매월 또는 매 2월에 영세율 등 조기환급기간, 즉 월별 또는 2월을 조기환급기간으로 한 기간의 종료일로부터 25일 이내에 당해 영세율 등 조기환급기간에 대한 과세표준과 환급세액을 각 영세율 등 조기환급기간별

로 당해 영세율 등 조기환급신고기한 경과 후 15일 내에 사업자에게 환급하여야 한다.

복합운송주선업자도 영세율 적용대상 사업자이므로 조기환급을 받을 수 있다. 이러한 조기환급을 받고자 한다면 부가가치세신고서를 제출하고 영세율첨부서류를 매출·매입처별 세금계산서합계표와 함께 첨부하여 제출하면 된다.

3) 관련 예규

(예규)
국제복합운송주선업자가 외국사업자로부터 수입화물을 운송함에 세관에 납부하는 부가가치세의 환급 여부

(부가46015-808, 2001.05.31)

질의 당사는 국제복합운송주선업체입니다. 당사가 외국의 사업자로부터 수입화물을 DDP(Delivery & Duty Paid) 조건으로 의뢰를 받아 당사 명의로 수입통관 국내운송하여 화물을 수하주에게 인도하고 그 대금을 외국의 사업자로 수금할 경우

당사가 수입통관 시 세관에 납부하는 부가가치세의 환급 여부

참고로 당사는 부가세 신고 시 국외대리점으로 발행되는 모든 청구서(Debit Note)를 기타 매출로 신고하고 있음.

회신 국제복합운송주선업을 영위하는 사업자 "갑"이 외국사업자 "을"로부터 수입화물을 인수하여 자기 명의로 수입통관하여 국내 수화주 "병"에게 운송하여 주고 "을"로부터 그 대가를 받는 경우

　"갑"이 수입화물 통관 시 세관장으로부터 발행받은 수입세금계산서상의 매입세액은 "갑"의 매출세액에서 공제받을 수 없으나, "갑"이 실질적으로 자기의 책임과 계산하에 재화를 수입하고 당해 수입재화를 병에게 공급하는 경우에는 공제받을 수 있는 것입니다.

4

혼재업자의 부가가치세 영세율과 세금계산서

　복합운송주선업자의 가장 기본서비스의 하나가 혼재운송(consolidated service)이다. 혼재운송이란 소량의 화물(LCL cargo)을 집하하여 컨테이너단위의 화물을 만들어 운송하는 것으로서 복합운송업자는 소량화물을 운송함으로써 LCL rate와 BOX rate와의 차액에서 발생하는 운임의 절감과 창고료 등의 절감을 도모할 수 있다.

　그런데 화주로부터 소량의 화물을 집하하여 혼재하는 운송주선인이 동일 목적지의 다른 운송주선인에게 연합혼재를 의뢰하여 이른바 Co-Loading 하는 경우도 복합운송주선업자의 기본적인 일이다.

　즉, 송하인으로부터 의뢰받은 LCL화물이 FCL화물로 단위적재가 불가능 할 경우 운송주선인은 선적예정선박의 적재만료일자 1~2 일 전에 동 지역의 조건이 갖춰진 다른 운송주선인을 선정하여 화물의 혼재를 의뢰하고 목적화물을 CFS로 입고시킨다.

　이때 운송주선인은 Co-Loading 한 운송주선인으로부터 B/L을 발급받아 송하인에게 발행하게 된다.

이를 그림으로 표기하면 다음과 같다.

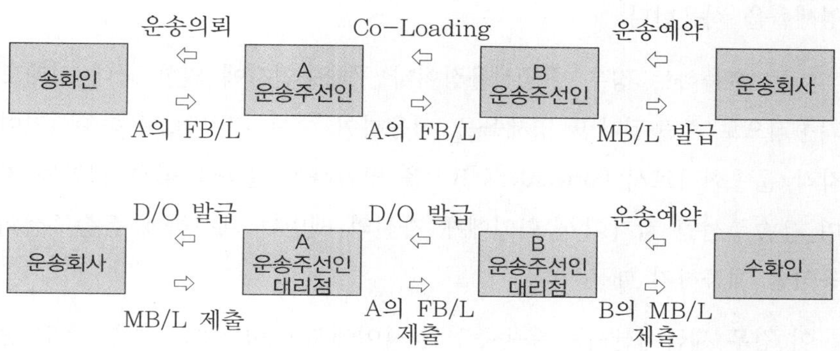

이렇게 Co-Loading 하는 경우 한 명의 송화인에 대해 다수 운송주선인이 나타날 수 있는데 이때 운송주선인 사이에서 영세율적용과 세금계산서 발행에 대해 다음과 같이 두 가지 논쟁이 진행되어왔다.

① 운송주선인이 다른 운송주선인에게 Co-Loading 하는 것은 국내거래이므로 Co-Loading에 따른 수수료는 과세로서 상대방 운송주선인에게 세금계산서를 발행하여야 하며 영세율이 적용되는 운임 등은 최종적으로 운송회사에 선적을 의뢰하는 운송주선인 명의로 세금계산서를 발행하여야 한다. 이는 Co-Loading 업무를 수출업자의 수출대행처럼 수출품 생산업자를 대신해 수출대행업무만을 하는 경우 수출대행수수료에 대해서는 영세율이 적용되지 않는다는 것과 같은 주장이다.

실제로 Co-Loading을 의뢰하는 경우 의뢰하는 운송주선인은 수익 일부를 갖고 (profit share) 나머지 수익은 상대방 운송주선인에게 귀속되므로 일견 타당해 보이나 복합운송주선업자는 Co-Loading을 하더라도 운송주선인으로서의 책임이 면제되지는 않으며 문제가 발생하는 경우 배상책임이 면책되지 않으므로 혼재단계의 모든 운송주선인을 외국항행용역을 제공하는 일련의 과정으로 보아야 한다.

② 운송주선인 모두를 외국항행용역을 직접 제공하는 사업자로 보아 영세율을 적용한다.

이는 수출하는 경우 내국신용장이나 구매승인서에 의한 국내 거래도 최종적으로 수출된다면 영세율을 적용하여 주는 것처럼, 운송주선인이 각각 운송회사로서 Forwarder's B/L을 발급하여 운송에 따른 책임을 지며 운송주선인 각각이 송화인에게 자신의 책임과 계산하에 운송주선의 용역을 제공하기 때문이다.

이 경우 세금계산서는 운송주선인 사이에서 Co-Loading 하는 운임 등의 전체에 대해서 세금계산서를 발행하는 것이 원칙으로 생각되나 실제로는 운임에 대해서는 세금계산서를 발행하지 않는 것이 일반적이다.

5

사업자단위 과세제도

1) 취지

정보통신기술의 발전에 따라 많은 기업체가 장소별 관리방식에서 생산, 자재, 영업, 회계, 자금 등의 전 부문에 걸쳐 전사적 기업자원관리 방식인 ERP 시스템으로 전환하여 업무의 효율성을 제고하고 있는 바 이러한 기업에 대한 납세 편의를 제고하기 위하여 2008.1.1 이후 공급하거나 공급받는 분부터 사업자단위로 주사업장에서 일괄 신고·납부·사업자등록 등을 할 수 있도록 하였다.

참고 ERP(Enterprise Resource Planning) : 재무, 회계, 생산관리, 재고관리 및 인사관리 등 전사적인 자료를 일원화시켜 관리할 수 있고, 경영자원을 계획적이고 효율적으로 운용하여 생산성을 극대화하는 정보시스템

2) 요건

2 이상의 사업장이 있는 사업자가 다음 각 호의 요건을 갖춘 경우에는 당해 사업자의 본점 또는 주사무소에서 총괄하여 신고·납부할 수 있다.
① 당해 사업자가 각 사업장의 물류 흐름 및 재고를 관리할 수 있는 전산시스템설비를 갖추고 있을 것
② 본점 또는 주사무소의 관할세무서장에게 신청하여 그 승인을 얻을 것

이 경우 전산시스템설비라 함은 사업자가 전사업장의 자원을 통합하여 전자적 형태로 관리하기 위하여 사용하는 전사적 기업자원관리설비로서 다음 각 호의 기능을 모두 처리하여 보관할 수 있는 것을 말한다.

1. 제조업 : 구매, 생산, 판매, 재고 및 회계 기능

2. 제조업 외 업종 : 구매, 판매, 재고 및 회계 기능

참고 어느 한 사업장이라도 전산시스템에 의한 통합·관리가 누락된 때에는 사업자단위 신고·납부를 할 수 없다.

3) 승인신청

(1) 기존사업자

사업자의 본점 또는 주사무소에서 사업자단위로 신고·납부·사업자등록 등(이하 "사업자단위과세"라 한다)을 하려는 경우에는 그 사업자단위과세를 적용받으려는 과세기간 개시 20일 전에 다음 각 호의 사항을 기재한 사업자단위과세승인신청서를 본점 또는 주사무소(이하 "사업자단위과세적용사업장"이라 한다)의 관할세무서장에게 제출하여야 한다.

① 사업자의 인적사항
② 사업자단위과세의 신청사유
③ 그 밖의 참고사항

(2) 신규사업자

신규로 사업을 개시하는 자가 사업자단위과세를 적용받으려는 경우에는 사업자단위과세적용사업장의 사업자등록증을 받은 날부터 20일 이내에 사업자단위과세승인신청서를 사업자단위과세적용사업장의 관할세무

서장에게 제출하여야 한다.

(3) 승인

신청을 받은 세무서장은 전산시스템설비요건에 비추어 국세청장이 정하는 바에 따라 사업자단위과세를 적용하는 것이 적당한지의 여부를 판정하여 신청일부터 20일 이내에 그 승인 여부를 신청자에게 통지하여야 하며, 신청일부터 20일 이내에 사업자단위과세의 승인 여부를 통지하지 아니한 때에는 그 신청일부터 20일이 되는 날에 사업자단위 신고·납부를 승인한 것으로 본다.

4) 승인의 효력

(1) 사업자단위과세제도 적용시기

사업자단위과세 승인을 얻은 과세기간부터 사업자단위 신고·납부를 적용한다. 이 경우 신규로 사업을 개시하는 자가 사업자단위과세의 승인을 얻은 경우에는 그 승인을 얻은 날(사업자단위과세의 승인을 얻은 것으로 보는 경우에는 당해 승인을 얻은 것으로 보는 날)이 속하는 과세기간부터 사업자단위과세를 적용한다.

(2) 사업자단위과세적용사업장의 사업장 간주

그 사업자의 본점 또는 주사무소는 신고·납부와 관련한 이 법의 적용에서 각 사업장으로 본다.

즉, 사업자단위과세적용사업장에서 신고·납부하는 경우 각 사업장별로 신고·납부를 한 것으로 보는 것이므로, 사업자단위과세적용사업장 외의 사업장은 별도로 사업자등록을 할 필요가 없으며, 사업장별로 세금계산서 또는 영수증을 발행할 필요가 없다.

(3) 과세표준 신고 및 납부

사업자단위과세의 승인을 받은 사업자는 당해 사업자의 본점 또는 주 사무소에서 총괄하여 부가가치세를 신고·납부를 한다.

제2절 물류주선업의 부가가치세 연습

　부가가치세 신고서를 작성해보자. 「(주)포에버로지스틱스」의 부가가치세 2기 확정신고와 관련 자료이다. 부가가치세 신고서를 작성해보자.

　예제 1) : 매출, 매입 현황

　예제 2) : Statement(해외파트너 정산을 통해 받아야 할 운임 등)

| | | | | 매출 | | | | |
M/B NO	H/B NO	날짜	적요	공급가액	세액	사업자등록번호	화주	비고
18045689745	LEE 036903	10월 8일	A/F	10,000,000		108-81-09235	삼성전자	
18045689745	LEE 036903	10월 8일	PICK UP,H/C	1,000,000	100,000	108-81-09235	삼성전자	
98898745632	LEE 037001	10월 25일	A/F	3,000,000		600226-1013111	김철수	주민등록기재분
16025842586	LEE 050252	11월 16일	A/F	5,000,000		109-21-12345	영원무역	
16025842586	LEE 050252	11월 16일	PICK UP,H/C	500,000	50,000	109-21-12345	영원무역	
61863631251		11월 23일	A/F	3,000,000		201-05-09235	메디칼전자	M/B DIRECT
98810870941	ASI 53799	12월 5일	A/F	3,000,000		201-05-09235	세진정밀	
KOMT 0924897	201215	12월 15일	O/F	15,000,000		201-05-09235	광진섬유	ACA028(선명) , NAGOYA
KOMT 0924897	201215	12월 15일	H/C	800,000	80,000	201-81-64545	광진섬유	ACA028(선명) , NAGOYA
KOMT 0924897	201215	12월 15일	D/F	9,000	900	601-81-52315	광진섬유	
8NTS505BU12	PE-2035	12월 30일	O/F	600,000		601-82-12121	효성상사	XIPE03(선명), LAX
8NTS505BU12	PE-2035	12월 30일	THC,CFS	100,000	10,000	601-82-12121	효성상사	XIPE03(선명), LAX
21745457885	RT-50645	7월 1일	A/F	10,000,000		603-82-50123	한국무역	예정신고누락분
21745457885	RT-50645	7월 1일	O/C	2,000,000	200,000	603-82-50123	한국무역	예정신고누락분
합계				54,009,000	440,900			
				매입				
NSSNNY0021		10월 8일	O/F	15,000,000		104-81-50285	한진해운	
LGB90011400		10월 30일	O/F	10,000,000		104-81-50285	한진해운	
LGB90011400		10월 30일	THC,CFS	1,000,000		104-81-50285	한진해운	
16025842586	CSN 102584	11월 15일	A/F	10,000,000		105-81-04052	운보항공	11월상반기운임
SNKOPE0308		11월 25일	O/F	5,000,000		106-81-54512	해륙해운항공	
SNKOPE0308		11월 25일	H/C	500,000	50,000	106-81-54512	해륙해운항공	
VNE00070627		12월 30일	O/F	3,000,000		202-81-17182	남성해운	
컴퓨터구입		11월 20일		50,000,000	5,000,000	202-81-46106	세진컴퓨터	
자가용구입		12월 15일		10,000,000	1,000,000	601-85-25845	현대자동차	
상품권구입		12월 30일		1,000,000	100,000	601-85-45785	롯데쇼핑	거래처선물대
LGB9000121		8월 23일	O/F	2,000,000		805-15-12545	제일항역	
합계				107,500,000	6,150,000			

STATEMENT

DATE	INVOICE NO	B/L NO	DUE TO LEE/SEL	DUE TO LEE/TYO	기준환율(USD)	원화금액	FROM / TO
10월 3일	500104	18062943742	500.00		1,100.00	550,000	SEL/TYO
10월 15일	500105	4311821574	300.00		1,120.00	336,000	SEL/TYO
10월 25일	500106	18049669340	1,500.00		1,090.00	1,635,000	SEL/TYO
10월 26일	2000-005	DYJK0021541		−400.00	1,100.00	−440,000	TYO/SEL
10월 31일	500107	21712128214	2,500.00		1,150.00	2,875,000	SEL/TYO
10월합계			4,800.00	−400.00		4,956,000	
D/C 합계			5,396,000	−440,000			
11월 8일	500113	18062621512	1,800.00		1,152.00	2,073,600	SEL/TYO
11월 25일	2000-103	DYJK0025151		−2,500.00	1,155.00	−2,887,500	TYO/SEL
11월 29일	500115	98815153621	3,000.00		1,150.00	3,450,000	SEL/TYO
11월합계			4,800.00	−2,500.00		2,636,100	
D/C 합계			5,523,600	−2,887,500			
12월 1일	2000-705	DYJK0031451		−12,000.00	1,130.00	−13,560,000	TYO/SEL
12월 9일	500205	HJMT9800121	4,000.00		1,140.00	4,560,000	SEL/TYO, SAS606
12월 21일	500301	98818185023	3,500.00		1,145.00	4,007,500	SEL/TYO
12월 31일	2000/713	DYJK0125643		−1,800.00	1,143.00	−2,057,400	TYO/SEL
11월합계			7,500.00	−13,800.00		−7,049,900	
D/C 합계			8,567,500	−15,617,400			

10월분 USD 4,400.00 는 11월 15일 입금됨 단, 송금수수료등 차감하고 USD 4,300.00 만입금

11월 15일 기준환율은 1,130.00 외화예금으로 입금된 금액은 4,859,000 따라서 외환차익 16,000 발생

[별지 제12호서식] (2010.3.31.개정)   (1장 앞 쪽)

일반과세자 부가가치세 □예정 □확정 □기한후과세표준 □영세율 등 조기환급 **신고서**

처리기간 즉시

관리번호	-	신고기간	2010년 기(월 일 ~ 월 일)

사업자	상 호 (법인명)		성 명 (대표자명)		사업자등록번호	- -
	주민(법인) 등록번호	-	전화번호	사업장	주소지	휴대전화
	사업장주소			전자우편주소		

❶ 신 고 내 용

구 분				금 액	세율	세 액
과세표준 및 매출세액	과세	세금계산서발급분	(1)	2,409,000	10/100	240,900
		매입자발행세금계산서	(2)		10/100	
		신용카드·현금영수증발행분	(3)		10/100	
		기타(정규영수증외매출분)	(4)		10/100	
	영세율	세금계산서발급분	(5)	39,600,000	0/100	
		기 타	(6)	19,487,100	0/100	
	예 정 신 고 누 락 분		(7)	12,000,000		200,000
	대 손 세 액 가 감		(8)			
	합 계		(9)	73,496,100	㉮	440,900
매입세액	세금계산서 수 취 분	일반매입	(10)	47,500,000		150,000
		고정자산매입	(11)	60,000,000		60,000,000
	예 정 신 고 누 락 분		(12)			
	매입자발행세금계산서		(13)			
	기 타 공 제 매 입 세 액		(14)			
	합 계 (10)+(11)+(12)+(13)+(14)		(15)	107,500,000		6,150,000
	공제받지못할매입세액		(16)	11,000,000		1,100,000
	차 감 계 (15)-(16)		(17)	96,500,000	㉯	5,050,000
납부(환급)세액 (매출세액 ㉮ - 매입세액 ㉯)					㉰	-4,609,100
경감·공제세액	기타경감·공제세액		(18)			
	신용카드매출전표등 발행공제등		(19)			
	합 계		(20)		㉱	
예 정 신 고 미 환 급 세 액			(21)		㉲	
예 정 고 지 세 액			(22)		㉳	
금지금 매입자 납부특례 기납부세액			(23)		㉴	
가 산 세 액 계			(24)		㉵	125,520
차가감하여 납부할 세액(환급받을 세액)(㉰-㉱-㉲-㉳-㉴+㉵)			(25)			-4,483,580
총괄납부사업자 납부할 세액(환급받을 세액)						

❷ 국세환급금계좌신고	거래은행	은행 지점	계좌번호	

❸ 폐 업 신 고	폐업일자		폐업사유	

❹ 과 세 표 준 명 세				「부가가치세법」 제18조・제19조 또는 제24조와 「국세기본법」 제45조의3에 따라 위의 내용을 신고하며, 위 내용을 충분히 검토하였고 신고인이 알고 있는 사실 그대로를 정확하게 적었음을 확인합니다.
업 태	종 목	업종코드	금 액	년 월 일
(26) 운수	복합운송주선업		73,496,100	신고인: (서명 또는 인)
(27)				세무대리인은 조세전문자격자로서 위 신고서를 성실하고 공정하게 작성하였음을 확인합니다.
(28)				세무대리인: (서명 또는 인)
(29)				**세무서장** 귀하
(30)				구 비 서 류 뒤 쪽 참 조

세무대리인	성 명		사업자등록번호		전화번호	

210mm×297mm[일반용지 60g/㎡(재활용품)]

이 쪽은 해당 사항이 있는 사업자만 사용합니다.   (2장 앞 쪽)

사업자등록번호 ☐☐☐ - ☐☐ - ☐☐☐☐☐ *사업자등록번호는 반드시 적으시기 바랍니다.

			구 분		금 액	세율	세 액
예정신고 누락분 명세	(7) 매출	과세	세 금 계 산 서	(31)		$\frac{10}{100}$	
			기 타	(32)		$\frac{10}{100}$	
		영세율	세 금 계 산 서	(33)		$\frac{0}{100}$	
			기 타	(34)		$\frac{0}{100}$	
		합 계		(35)			
	(12) 매입	세 금 계 산 서		(36)			
		기 타 공 제 매 입 세 액		(37)			
		합 계		(38)			

		구 분		금 액	세율	세 액
(14) 기타공제 매입세액 명세	신용카드매출전표 등수령명세서제출분	일반매입	(39)			
		고정자산매입	(40)			
	의 제 매 입 세 액		(41)		뒤쪽참조	
	재 활 용 폐 자 원 등 매 입 세 액		(42)		뒤쪽참조	
	고 금 의 제 매 입 세 액		(43)			
	과 세 사 업 전 환 매 입 세 액		(44)			
	재 고 매 입 세 액		(45)			
	변 제 대 손 세 액		(46)			
	합 계		(47)			

(16) 공제받지 못할 매입세액명세	구　분		금　액	세율	세　액
	공제받지　　못할　　매입세액	(48)			
	공통매입세액　　　면세사업분	(49)			
	대 손 처 분 받 은 세 액	(50)			
	합　　　　　　　계	(51)			

(18) 기타 경감·공제 세액 명세	구　분		금　액	세율	세　액
	전 자 신 고 세 액 공 제	(52)			
	전자세금계산서발급세액공제	(53)			
	택 시 운 송 사 업 자 경 감 세 액	(54)			
	현금영수증사업자세액공제	(55)			
	기　　　　　　　타	(56)			
	합　　　　　　　계	(57)			

(24) 가산세 명세	구 분		금 액	세 율	세 액
	사 업 자 미 등 록 등	(58)		$\frac{1}{100}$	
	세 금 계 산 서 미 발 급 등	(59)		$\frac{2}{100}$	
	전 자 세 금 계 산 서 미 전 송	과세기간 내 (60)		$\frac{1}{1,000}$	
		과세기간 경과 (61)		$\frac{3}{1,000}$	
	세금계산서 합 계 표 제 출 불 성 실	(62)	12,000,000	뒤쪽참조	60,000
	신 고 불 성 실	(63)	200,000	뒤쪽참조	10,000
	납 부 불 성 실	(64)	200,000	뒤쪽참조	5,520
	영세율과세표준 신고 불 성 실	(65)	10,000,000	$\frac{1}{100}$	125,520
	현금매출명세서미제출	(66)		$\frac{5}{1,000}$	
	합　　　　　계	(67)			

면세사업 수입금액	업 태	종 목	코 드 번 호	금 액
	(68)			
	(69) 수입금액제외			
			(70)합 계	

계산서 발행 및 수취명세	(71)계산서 발행금액	
	(72)계산서 수취금액	

210㎜×297㎜[일반용지 60g/㎡(재활용품)]

[별지 제2호 서식]

0303-80A	선박에 의한 운송용역공급가액 일람표					2010. . .

근거 : 부가가치세 영세율 적용에 관한 규정

<table>
<tr><td rowspan="3">사
업
자</td><td>①성 명</td><td colspan="4">이 영 원</td><td>④사업자
등록번호</td><td></td></tr>
<tr><td>②상 호</td><td colspan="4">(주)포에버로지스틱스</td><td>⑤업 태</td><td>운수</td></tr>
<tr><td>③사업장소재지</td><td colspan="4">마포구 서교동</td><td>⑥종 목</td><td>복합운송주선</td></tr>
</table>

공 급 내 용

<table>
<tr>
<th colspan="2">구 분</th>
<th colspan="6">운 송 수 입(기간 2007 년10월 ~ 12 월)</th>
<th rowspan="3">⑮비 고
(운항기간
등)</th>
</tr>
<tr>
<th rowspan="2">⑦
선박명</th>
<th rowspan="2">⑧운항
기간</th>
<th colspan="2">원화수입분</th>
<th colspan="2">해외수입분</th>
<th colspan="2">계</th>
</tr>
<tr>
<th>⑨외화</th>
<th>⑩원화</th>
<th>⑪외화
(USD)</th>
<th>⑫원화</th>
<th>⑬외화</th>
<th>⑭원화</th>
</tr>
<tr>
<td>ACA028</td>
<td>12월15일
12월20일</td>
<td></td>
<td>15,000,000</td>
<td></td>
<td></td>
<td></td>
<td>15,000,000</td>
<td>NAGOYA</td>
</tr>
<tr>
<td>XIPE03</td>
<td>12월30일
12월31일</td>
<td></td>
<td>600,000</td>
<td>4,000</td>
<td>4,560,000</td>
<td></td>
<td>600,000
4,560,000</td>
<td>LAX
TYO</td>
</tr>
<tr>
<td>SAS606</td>
<td>12월09일
12월13일</td>
<td></td>
<td></td>
<td></td>
<td></td>
<td></td>
<td></td>
<td></td>
</tr>
<tr>
<td colspan="2">⑯소　　　계
　　(A)</td>
<td></td>
<td>15,000,000</td>
<td></td>
<td>4,560,000</td>
<td></td>
<td>20,160,000</td>
<td></td>
</tr>
<tr>
<td colspan="2">⑰외 화 입 금
증 명서제출분
　　(B)</td>
<td></td>
<td></td>
<td></td>
<td></td>
<td></td>
<td></td>
<td></td>
</tr>
<tr>
<td colspan="2">⑱차　　　감
　　(A－B)</td>
<td></td>
<td></td>
<td></td>
<td></td>
<td></td>
<td></td>
<td></td>
</tr>
</table>

* 대선수입분은 비고란에 기간 용선·항해용선으로 구분하고 대선기간을 표시함.

[별지 제4호 서식]

<table>
<tr><td>0303-69A</td><td colspan="4" align="center">공급가액 확정명세서</td><td>2010. . .</td></tr>
</table>

근거: 부가가치세 영세율 적용에 관한 규정

<table>
<tr><td rowspan="4">사
업
자</td><td>①성　명</td><td colspan="2">이　영　원　　㉞</td><td>⑤사　업　자
등　록　번　호</td><td></td></tr>
<tr><td>②상　호</td><td colspan="2">(주)포에버로지스틱스</td><td>⑥주민등록번호</td><td></td></tr>
<tr><td>③사업장소재지</td><td colspan="2">마포구 서교동</td><td>⑦업　　태</td><td>운수</td></tr>
<tr><td>④사업자 주소</td><td colspan="2"></td><td>⑧종　　목</td><td>복합운송주선</td></tr>
</table>

공　급　내　용

<table>
<tr><td rowspan="2">⑨
노
선
별</td><td colspan="2" align="center">화물수입</td><td colspan="2" align="center">수 화 물 수 입</td><td colspan="2" rowspan="2" align="center">합　　계</td><td rowspan="2">비고</td></tr>
<tr><td>외화</td><td>원화</td><td>외화</td><td>원화</td></tr>
<tr><td>KE</td><td></td><td>14,258,600</td><td></td><td></td><td></td><td>14,258,600</td><td></td></tr>
<tr><td>OZ</td><td></td><td>13,457,500</td><td></td><td></td><td></td><td>13,457,500</td><td></td></tr>
<tr><td>CX</td><td></td><td>5,000,000</td><td></td><td></td><td></td><td>5,000,000</td><td></td></tr>
<tr><td>SQ</td><td></td><td>3,000,000</td><td></td><td></td><td></td><td>3,000,000</td><td></td></tr>
<tr><td>AA</td><td></td><td>3,211,000</td><td></td><td></td><td></td><td>3,211,000</td><td></td></tr>
<tr><td>합계</td><td></td><td>38,927,100</td><td></td><td></td><td></td><td>38,927,100</td><td></td></tr>
</table>

제5장

국제물류주선업의 회계처리

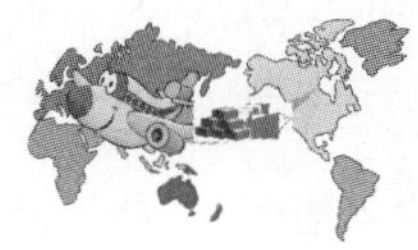

1

총액법과 순액법

복합운송주선업의 회계처리에서 화주로부터 받는 운임과 기타수수료 모두를 매출액으로 계상하고 운송회사에 지급하는 운임과 기타수수료를 매출원가로 계상하는 이른바 총액법과 운송주선을 통해 화주와 운송회사 사이에서의 운임차액과 기타수수료만을 매출액으로 계상하고 운송회사에 지급하는 운임은 예수금등 부채성격으로 계상하고 기타수수료는 판매비와 관리비로 계상하는 순액법이 혼용되고 있다.

기업회계기준에서는 대차대조표의 작성기준에서 "자산·부채 및 자본은 총액에 의하여 기재함을 원칙으로 하고 자산의 항목과 부채 또는 자본의 항목과 상계함으로써 그 전부 또는 일부를 대차대조표에서 제외하여서는 아니 된다."라고 규정하고 있고 손익계산서 작성기준에서도 "수익과 비용은 그 총액에 의하여 기재함을 원칙으로 하고 수익항목과 비용항목을 직접 상계함으로써 그 전부 또는 일부를 손익계산서에서 제외하여서는 아니 된다."라고 규정함으로써 재무제표의 작성기준을 총액주의로 규정하고 있다.

그러나 과세관청의 입장은 부가가치세법 시행규칙 제23조에 의하면 "주선"이라 함은 "자기의 명의로 타인의 계산에 의하여 타인 간의 상행위를 인수하고 보수를 받는 사업이다."라고 규정하고 있고, 판례에서도 주선수수료만을 매출액으로 계상하여도 무방하다는 입장을 견지하고 있다. 이렇게 복합운송주선업자의 회계처리가 통일되어 있지 않음으로써 복합운송주선업자의 기업 간 비교가능성을 저해하고 신뢰성이 모자라는 등의 문제점을 일으키고 있다.

다음과 같은 예제로 총액법과 순액법의 회계처리를 비교하여보자.

총액법과 순액법 회계처리 비교

	Selling	Buying	화주청구 O/C	Commission VAT	화주청구 W/F	Profit
항공	1,000,000	600,000	80,000	30,000 3,000		510,000
해상	600,000	500,000	50,000		30,000	180,000

구분	총액법	순액법
매 출 액	1,760,000	660,000
매출원가	1,100,000	
매출총이익	660,000	660,000
영업이익	660,000	660,000
영업외수익	30,000	30,000
당기순이익	690,000	690,000

위에서 보듯이 복합운송주선업의 총액법과 순액법의 차이는 결국 매출액의 재무제표 표기방법에서의 차이일 뿐 당기순이익에 미치는 영향은 없다. 총액법이나 순액법이나 모두 당기순이익은 690,000이지만, 매출액의 표시에서는 약 3배 정도의 차이가 있다.

회계처리하는 방법도 다음과 같이 차이가 있다.

1) 총액법의 경우

① 화주에게 운임청구 하는 경우

    차) 매출채권(미수금) 1,760,000   대) 매출 1,760,000

② IATA Commission을 청구하는 경우 - 국제항공운송협회(IATA)의 결정에 따라 IATA 협정요금의 5%를 항공사가 항공화물대리점들에게 커미션으로 지급하게 되므로 항공화물대리점은 항공사를 공급받는 자로 하여 매출세금계산서를 발행한다.

    차) 매출원가　　33,000　　　　　　대) 매　　　　출　　30,000
    　　　　　　　　　　　　　　　　　　　부가세예수금　　3,000

③ 운송회사가 복합운송주선업자에게 운임지급을 청구하는 경우

    차) 매출원가　567,000　　대) 매입채무(미지급금)　567,000

    차) 매출원가　500,000　　대) 매입채무(미지급금)　500,000

　AIR의 경우 항공사에 송금한 567,000 (600,000 - 33,000) 을 매출원가로 계상한다.

　당초 ②번의 항공사에 청구한 커미션에 대해서 매출원가가 아닌 미수금으로 계상한 경우에는 다음과 같이 회계처리한다.

    차) 매출채권(미수금)　33,000　　　대) 매　　　　출　　30,000
    　　　　　　　　　　　　　　　　　　　부가세예수금　　3,000

    차) 매출원가　600,000　　　대) 매입채무(미지급금)　600,000

　이 경우 운임을 송금할 때 매출채권과 매입채무를 상계 처리한다.

    차) 매입채무(미지급금)　33,000　　대) 매출채권(미수금)　33,000

④ W/F, C/T의 회계처리

부두사용료와 컨테이너세금은 납입 대행하는 것이므로 예수금으로 처리하거나 영업외손익 처리하여 차액을 손익에 반영시킨다.

차) 미수금 30,000   대) 영업외수익 30,000

2) 순액법의 경우

① 화주에게 운임청구 하는 경우 - 운송사에 지급할 운임을 부채로 계상

차) 매출채권(미수금) 1,080,000   대) 항공운임예수금 600,000
                                      (항공사미지급금)
                                   매   출 480,000

차) 매출채권(미수금)   650,000   대) 해상운임예수금 500,000
                                      (선사미지급금)
                                   매   출 150,000

② IATA Commission을 청구하는 경우 - 국제항공운송협회(IATA)의 결정에 따라 IATA 협정요금의 5%를 항공사가 항공화물대리점들에게 커미션으로 지급하게 되므로 항공화물대리점은 항공사를 공급받는자로 하여 매출세금계산서를 발행한다.

차) 항공운임예수금   33,000   대) 매   출   30,000
     (항공사미지급금)   부가세예수금   3,000

③ 운송회사가 복합운송주선업자에게 운임지급을 청구하는 경우

차) 항공운임예수금 567,000   대) 매입채무(미지급금) 567,000

차) 해상운임예수금 500,000   대) 매입채무(미지급금) 500,000
     (선사미지급금)

AIR의 경우 항공사에 송금한 567,000 (600,000 - 33,000) 을 매출원가로 계상한다.

당초 ②번의 항공사에 청구한 커미션에 대해서 항공운임예수금이 아닌 미수금으로 계상한 경우에는 다음과 같이 회계처리한다.

차) 매출채권(미수금)　33,000　　대) 매　　　출　　　30,000
　　　　　　　　　　　　　　　　　　부가세예수금　　3,000

차) 항공운임예수금　600,000　　대) 매입채무(미지급금)　600,000

이 경우 운임을 송금할 때 매출채권과 매입채무를 상계 처리한다.

④ W/F, C/T의 회계처리

부두사용료와 컨테이너세금은 납부대행하는 것이므로 예수금 처리하거나 영업외손익 처리하여 차액을 손익에 반영시킨다.

차) 미수금　30,000　　　　대) 영업외수익　30,000

2

총액법과 순액법의 장단점

총액법과 순액법의 장단점을 비교하여 보면 다음과 같다.

총액법과 순액법의 장단점

구분	총액법	순액법
기업회계기준상총액주의 원칙	부합	불 부합
회 계 처 리	간단함	매 건을 회계처리 함으로써 복잡함.
접대비 한도	한도액이 증액된다.	한도액이 감액된다.
대손충당금	운임 등 전액 설정 가능	주선수수료만 설정 가능
비교가능성	타회사와 비교 가능함.	타회사와 비교하기 어려움.
외 형	실제보다 외형이 부풀려질 수 있으므로 중소기업판단에 영향	실제 외형을 반영한다.
과 세 표 준	부가가치세 과세표준과 매출액이 일치한다.	부가가치세 과세표준과 매출액이 차이 난다.
세금계산서 발 행	총액에 대해 발행함.	총액에 대해 발행함.

위에서 본 것처럼 총액법과 순액법은 그 회계처리와 세무처리에 있어서 여러 가지 차이점이 있으며 장단점을 지니고 있다.

과거에는 순액법에 의한 회계처리가 대부분이었지만 최근에는 총액법에 의한 회계처리가 일반적인 원칙으로 받아들여지고 있다.

186

(예규)

화물운송주선의 영업수익의 범위

(법인 22601-4592, 1989.12.16)

질의 화물운송주선업은 화주와 국제복합운송계약에 의하여 타인의 화물을 운송할 것을 약정하고 화주로부터 화물을 인수하여 동 법인의 명의로 ○○증권(화물상환증)을 발급하고 타인의 운송수단(국내 또는 외국선박회사의 운송수단)을 이용하여 화주에 대하여는 자기책임하에 국제간에 화물을 운송해 주고 화주로부터 운임을 실지 수령한 것과는 관계없이 실제로 운송한 사업자에게 운임을 지급하고 있습니다.

1. 국세청 예규(부가22601-849, 1986.05.06)에 따르면 운송주선업자가 상법 제116조의 규정에 따라 직접 운송하는 경우에 화주로부터 받은 운임 전액을 접대비 한도액 계산시의 수입금액으로 본다고 되어 있는데, 상기 '직접 운송하는 경우'에 있어서 수입금액의 범위

   (갑설) 상법 제116조의 규정에 따라 직접 운송하는 경우라 하면 운송주선업자가 화주에게 화물상환증만 작성 발행하면 직접 운송하는 경우이므로 화주로부터 받은 운임 전액을 수입금액으로 보아야 한다.

   (이유) 상법 제116조 제2항에 "운송주선인이 화물상환증을 작성할 때에는 직접 운송하는 것으로 본다"고 되어 있기 때문임

   (을설) 운송주선업자가 직접 운송하는 경우라 하면 운송주선업자는 자기운송수단이 없으므로 타인의 운송수단을 임차하여 자기책임하에 운송하는 경우에만 해당된다.

(이유) 운송주선업은 서비스업이므로 화주로부터 받은 운임에서 다른 운송업자에게 지불한 운임을 공제한 나머지 금액만을 수입금액으로 하여야 한다는 설이 있기 때문임

2. 화물상환증을 화주에게 발행해 주고 운임을 외상으로 하고 화물을 운송하였을 경우 동 외상매출금은 선박회사와 화주간에 채권·채무가 발생치 아니하고 운송주선업자와 화주 사이에 채권·채무가 발생하는데, 동 외상매출금(화주로부터 받아야 할 운임 전액)에 대하여 대손충당금을 설정할 수 있는지, 아니면 수수료 해당금액에 대하여만 설정할 수 있는지

회신 법인이 자기책임하에 운송용역을 제공하는 경우 화주로부터 받는 운임 전액을 법인세법 제18조의2 규정의 기준 수입금액으로 하고 동 미수금은 동법 제14조 규정의 채권으로 하는 것이나

귀 질의의 경우 이에 해당하는지의 여부는 거래의 실질내용에 의하여 판단하여야 할 사항입니다.

3

복합운송주선업의 수익인식시기

재화나 용역의 공급시기에 세금계산서를 발행하여야 하며 특별한 규정이 없는 한 그 공급시기가 기업회계기준상의 매출인식시점이나 법인세법상의 익금의 귀속시기로 볼 수 있다.

그러나 부가가치세 과세표준과 매출액은 반드시 일치하는 것이 아니고 복합운송주선업의 특성상 결산기말시점에 화주에게 청구하는 운임이 확정되지 않을수도 있고 결산기말을 걸쳐 운송이 이루어 지는 경우도 있으므로 총액법이건 순액법이건 매출인식시점을 결정하여야 매출원가도 계상하고 손익을 산정할 수 있다.

1) 기업회계기준상의 복운업의 매출인식시기

기업회계기준에서는 상품, 제품의 매출시기(수익인식시기)를 상품, 제품을 판매하여 인도하는 시점에 인식하도록 규정하고 있다. 그런데 용역매출 및 예약매출은 진행기준에 따라 실현되는 것으로 규정하고 있으며 진행기준을 적용함에서 용역제공과 관련된 수익, 원가 또는 진행율을 합리적으로 추정하기 어려운 경우 발생원가의 범위내에서 회수 가능한 금액을 수익으로 계상하고 발생원가 전액을 비용으로 계상한다.

그러나 중소기업은 단기의 용역매출이나 예약매출은 완성기준을 사용할 수 있도록 특례규정을 두고 있다. 복합운송주선업자는 용역매출로 볼 수 있으며 그 기간이 1년 이상인 장기간은 현실적으로 불가능하므로 완성기준을 적용하면 될 것이다.

구)기업회계기준해석에서는 해상화물운임과 관련된 수익인식시기를 다음과 같이 규정하고 있다.

① 운송에서 운항수익 및 운항비용의 계상시기는 언제인가.

운송에서 수익 및 비용의 계상시기는 다음 기준 중에서 하나를 선택 적용함. 일단 선택한 기준은 매기 계속하여 적용하고 정당한 사유 없이 이를 변경하여서는 안 된다.

<갑설> 항해완료기준

(이유) 선박이 목적 항에 도착하여 화물의 양육이 완료됨으로써 실질적으로 운항용역제공이 종료된 시점에서 운항수익을 인식하고 이에 대응되는 발생비용을 계상하는 방법으로서 결산일 현재 항해 중인 경우에는 이미 수령한 운임은 "미완료항해수입"으로 이에 대응하는 기지급경비는 "미완료항해경비"로 이연처리한 후 항해완료 시 수익과 비용으로 대체함.

<을설> 항해진행기준

(이유) 선박이 화물을 선적하여 항해를 진행함에 따라 운항수익을 인식하고, 이에 대응되는 발생비용을 계상하는 방법으로서 결산일 현재 항해 중인 경우 결산일부터 항해완료일까지의 수익은 이연처리하며, 비용은 결산일까지 발생비용을 계상함. 이 경우 항해에 관련된 총수익과 총비용 및 항해 소요일수를 확정하고 결산일까지 경과일수에 해당하는 수익과 비용을 계산하는 방법 등을 사용할 수 있음.

② 운항경비 중 외국에서 발생한 것은 외국대리점으로부터의 청구에 의하여 그 내용과 금액이 확정되는바, 회계연도 말 현재수익은 계상되었으나 대리점이 증빙서 등 자료취합에 시간을 요하여 청구서의 송달이 지연될 때 외국에서 발생한 경비의 비용계상시기는?

외국 대리점에 지급하여야 할 채무에 관련되는 제증빙 등 자료를 수집하는 데 상당한 시간을 필요로 하는 경우에는 전문, 서신 또는 기타 합리적인 증빙서류에 의하여 추정한 채무를 계상하여야 한다.

> **참고** 항해일수 2000년 12월 17일부터 2001년 1월 15일 일 경우 진행기준에 의한 수익과 비용은
> - 화주에게 청구한 해상운송료(O/F) : 5,000,000
> - 선사에 지급할 해상운송료(O/F) : 4,000,000
> - 결산일까지의 항해진행률 = 15/30 = 50%
> - 수익 : 5,000,000의 50% = 2,500,000
> - 비용 : 4,000,000의 50% = 2,000,000

2) 매출 및 매출원가의 인식

매출(수익)이란 특정 회계기간 동안 자산의 증가나 부채의 감소에 따른 경제적 효익의 증가에 따른 자본증가액을 의미하며 재화의 생산, 판매 또는 용역의 제공 등 기업 실체의 주요 영업활동을 그 발생 원천으로 한다.

매출원가(비용)는 수익을 얻고자 기업 실체의 주요 영업활동의 결과로써 발생하였거나 발생할 현금유출액을 나타내는 것으로서 매출과 마찬가지로 기업 실체의 주요영업활동이 그 발생원천이 된다.

> **참고** 항공화물운송은 매출시점은 일반적으로 항공수출은 화물의 ON BOARD 시점에 그 매출을 인식하게 된다. 따라서 그 시점에 용역의 제공이 완료된 것으로 보아 세금계산서가 발행되고 그에 상응하는 항공운임이 항공사 또는 혼재 업자에게 지급되게 된다.

이렇게 항공사 등에게 지급되는 항공운임은 복합운송업자가 매출을 인식하기 위해 필수적으로 인식하게 되는 비용이다. 따라서 항공운임을 지급하는 경우 이는 매출에 직접적인 대응원가로 보아 매출원가로 재무제표에 표시함이 합리적이다.

3) 법인세법상의 매출인식시기

용역제공 등의 손익의 귀속사업연도는 그 계약기간의 장단기에 따라 달라진다.

계약기간이 1년 미만인 경우를 단기라 하고 1년 이상인 경우를 장기라고 한다.

세법상 단기는 운송용역의 제공을 완료한 날이 속하는 사업연도에 그 수익과 비용을 인식하고 장기는 기업회계기준과 마찬가지로 진행률에 의해 계산한 수익과 비용을 익금과 손금에 산입하도록 되어 있다. 그러나 단기도 회사가 기업회계기준에 의해 진행률에 의해 수익과 비용을 산출하였다면 세법도 이를 인정하고 있다.

4) 수익인식 기준에 따른 관련사례

① 2개 사업연도에 걸치는 보관료 수입금액의 귀속시기

보세장치장을 설치 운용하는 법인이 2개 사업연도에 걸쳐 화물을 보관하고 그 보관화물이 출고될 때 보관일수에 따라 계산된 금액을 보관료로 영수하는 경우 그 보관료는 각 사업연도 소득금액 계산 시 법인세법 제17조 1항의 규정에 따라 보관일수에 따라 구분계산된 금액을 당해 사업연도의 익금으로 계상하는 것이다.

② 수탁운용 수입금액의 계산

복합운송업자가 화주로부터 알선수수료와 하역비, 취급수수료 등을 받고 선하증권을 발행하고 하역,운송 등 용역업무를 제공하는 경우에는 당해 용역의 제공과 관련하여 화주로부터 받은 수입금액 전액을 당해 법인의 수익으로 계상하는 것이다.

③ 운송인의 운임청구권 발생시기

운임청구권은 원칙적으로 운송이 완료한때에 발생하는데 이때 운송의 완료라 함은 운송물을 현실적으로 인도할 필요는 없으나 운송물을 인도할 수 있는 상태를 갖추면 충분하다.

④ 항공화물운송장(AWB)에 기재하는 "ON BOARD"의 의미

항공운송인 또는 항공운송주선인이 항공화물 운송장에 기재하는 ON BOARD는 화물이 항공기에 적재되는 것을 의미한다고 할것이나, 항공운송에 있어서는 해상운송과 비교되지 않을 정도로 신속,간편한 적재의 운송이 가능한 점에 비추어 현실적인 적재전이라도 화물이 공항에 설치된 보세창고 등에 입고되어 언제든지 항공운송인의 운송계획에 따라 항공기에 적재될수 있는 준비를 마친 상태도 이에 포함되는 것으로 해석함이 타당하다.

제6장

국제물류주선업의 세무회계

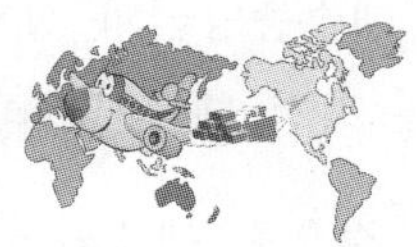

1

대손금의 세무회계

외상매출금이나 대여금 등은 전액이 반드시 회수된다고 볼 수 없으므로 수익비용대응의 원칙에 입각하여 미래에 대손으로 추산되는 금액을 합리적으로 예측하여 매 결산기 말에 대손충당금으로 계상하고 그 후에 대손이 확실시되는 시점에 대손충당금과 상계시키거나 대손충당금 잔액이 부족하다면 당해 채권을 직접 대손상각비로 차감할 수 있다.

이처럼 회수가 불확실할 것으로 예측되어 대손상각비를 미리 계상하든, 회수가 불가능하여 대손상각비로 비용으로 처리하든 당초에 대손상각비로 계상할 수 있는 채권이 존재하여야 하며 복합운송주선업자도 송화이이나 수화인으로부터 받아야 할 채권이 있어야 하며 이때 복합운송주선업자가 총액법으로 회계처리한 경우는 문제가 없지만 순액법으로 계상한 경우는 화주로부터 받아야 할 채권과 운송인에게 지급하여야 할 채무가 동시에 나타나고 차액만을 매출로 인식하게 되므로 받아야 할 채권 전액을 대손금으로 처리하면 수익비용대응의 원칙에 중대한 위배가 된다.

따라서 대손충당금을 설정하는 경우나 실제 대손처리하는 경우나 모두 총액법으로 회계처리가 된다는 전제하에 가능한 것이다.

만약 순액법으로 대손처리 회계를 한다면 운송주선수수료에 대하여만 대손금으로 처리하여야 하고 대손충당금을 설정할 경우에도 운송주선수수료 부분에 대해서만 설정하여야 하는데, 그렇게 한다면 실제 대손이 발생할 경우 수익비용이 대응되지 않는 문제점을 일으킬 수 있다.

1) 세법상 대손충당금 설정대상채권

대손충당금으로 설정할 수 있는 채권은 사업연도종료일 현재 외상매출금, 대여금, 미수금 등 기업회계기준에 의한 대손충당금설정대상채권은 모두 포함하지만, 구상권이 있는 채권과 특수관계자에게 업무와 관련없이 지급한 임시지급금 등은 제외한다. 이때 대손충당금의 설정대상금액은 장부가액의 합계액으로 한다.

2) 대손충당금의 손금산입한도액

대손충당금의 손금산입한도액은 채권잔액의 1%와 채권잔액에 대손실적률을 곱한 금액을 한도로 한다.

이때 대손실적률이란 당해 사업연도의 대손금을 직전사업연도종료일 현재의 채권잔액으로 나눈 비율을 말한다.

3) 대손처리

채권의 회수가 불가능하다면 대손금으로 처리하여야 하는데 대손이 발생한 경우 기 계상한 대손충당금과 상계하고 대손충당금이 부족하다면 그 부족액을 대손상각비로 처리한다. 이렇게 대손처리할 수 있는 채권은 대손충당금설정대상채권의 범위와 동일하며 임의적인 대손처리를 규제하기 위하여 대손사유를 다음과 같이 법에서 정하고 있다.

① 법률적으로 소멸시효가 완성된 채권
② 정리계획인가 또는 화의인가의 결정에 따라 회수불능으로 확정된 채권
③ 채무자의 재산에 대한 경매가 취소된 압류채권

④ 채무자의 파산 등으로 인하여 회수할 수 없는 채권

⑤ 국세를 결손 처분한 채무자에 대한 채권

⑥ 감독기관 등의 대손승인을 받은 채권

⑦ 부도발생일로부터 6월 이상 경과한 수표 또는 어음상의 채권 및 외상매출금

⑧ 회수기일을 6개월 이상 경과한 10만원 이하의 채권

4) 복합운송주선업자의 대손사유

복합운송주선업자도 위의 대손사유에 해당하면 미회수채권 등을 대손상각비로 처리할 수 있다. 소멸시효 완성의 경우 상법은 "상행위로 인한 채권은 이 법에 다른 규정이 없는 때에는 5년간 행사하지 아니하면 소멸시효가 완성한다. 그러나 다른 법령에 이보다 단기의 시효 규정이 있는 때에는 그 규정에 의한다."라고 규정하고 있다.

따라서 민법 규정에는 외상매출금과 미수금의 소멸시효를 3년으로 규정하고 있으므로 3년간 권리를 행사하지 아니하면 소멸시효가 완성한다. 그런데 상법 64조에서 운송주선인의 위탁자, 하수인에 대한 채권의 소멸시효를 1년으로 규정하고 있으므로 복합운송주선업자의 소멸시효는 1년으로 보면 된다. 만약, 운임 등을 어음이나 수표로 받는다면 대손처리를 어떻게 하여야 할 것인가.

어음법상의 소멸시효가 완성하면 대손처리가 가능한데 인수인에 대한 환어음상의 청구권은 만기일로부터 3년을, 배서인의 다른 배서인이나 발행인에 대한 청구권은 배서인이 어음을 환수한 날 또는 제소된 날부터 6월이 경과하면 대손처리를 할 수 있으며 수표의 경우 수표법상의 소멸시효(보통 제시기간 경과 후 6월)가 완성되면 대손처리 할 수 있다.

한편, 어느 채권이 둘 이상의 대손사유에 해당하는 경우에는 한가지 대손사유를 만족한다면 대손금으로서 처리할 수 있으며 매출채권에 대하여 채무자의 변제능력이 있음에도 불구하고 강제집행 등 채권의 회수조치를 강구하지 아니하고 소멸시효가 완성되었다 하여 대손금으로 계상한 경우에는 채권의 임의포기로 보아 접대비로 보도록 하고 있다.

2

접대비의 세무회계

1) 접대비의 구분

접대비란 접대비·교제비·사례금 기타 명목 여하에 불구하고 이와 유사한 성질의 비용으로서 업무와 관련하여 특정인에게 지출한 금액을 말한다. 업무와 관련이 있어야 한다는 점에서 반대급부를 기대하지 않고 지출하는 기부금과 성격이 다르며 특정인에게 지출한다는 점에서 불특정 다수인에게 지출하는 광고선전비와 성격이 다르다고 할 수 있다.

다음과 같은 비용은 접대비로 보지 않는다.

① 1회에 5만원을 초과하여 지출한 금액으로서 정규증빙(세금계산서, 계산서, 신용카드매출전표 등)을 사용하지 아니한 금액은 전액 손금불산입한다. 그러나 1만원 이하의 금액으로서 정규증빙을 받지 않은 금액은 접대비 시부인 대상에 포함한다.

② 위장가맹점에서 사용한 신용카드 사용 접대비금액은 손금불산입한다.

③ 법인의 경우 법인카드(개인회사는 대표자명의 카드)가 아닌 임직원 명의의 신용카드 사용액은 손금불산입한다. 다만, 신용카드에 법인명의와 당해 법인의 종업원 개인 명의가 함께 기재되고 신용카드 이용에 따른 대금의 상환이 1차적으로 개인계좌에서 결제되나 최종적으로 해당 법인이 연대하여 책임지는 형태로 발급된 신용카드(법인 개별카드)는 법인명의 신용카드로 인정된다.

법인의 개인신용카드 사용 접대의 세무처리

구분	세무처리
1회의 지출액이 3만원을 초과하는 경우	전액을 손금불산입하고 기타사외유출로 소득처분한다. 다만, 회사의 업무와 관련없는 금액은 상여로 처분한다.
1회의 지출액이 3만원 이하인 경우	접대비로 인정하나, 이를 신용카드사용액으로는 인정하지 않음.

④ 접대비손금산입한도액을 초과하는 금액은 손금에 산입하지 않는다. 이때 접대비 손금산입한도액은 다음과 같이 계산한다.

> 1,200만원(중소기업1,800만원) + 사업연도월수/12 + 기준수입금액 × 일정율

이때 기준수입금액과 적용률은 기업회계기준에 의한 매출액으로 하되 다음과 같이 계산한다.

수입금액	적용률
100억원이하 100억원초과 500억원이하 500억원초과	1만분의 20 2,000만원 + 100억원 초과금액의 1만분의 10 6,000만원 + 500억원 초과금액의 1만분의 3
특수관계자간 수입금액 또는 소비성서비스업의 수입금액	(총수입금액×적용률-일반수입금액×적용율) × 20%

2) 문화접대비에 대한 특례

내국인이 2010년 12월 31일 이전에 "문화접대비"로서 「일정한 금액」을 초과하여 지출한 문화접대비에 대하여는 내국인의 접대비 한도

액에 불구하고 해당 과세연도의 소득금액 계산의 경우, 내국인의 접대비 한도액의 100분의 10에 상당하는 금액의 범위 안에서 이를 손금에 산입한다.

이 경우 문화접대비란 국내 문화관련 지출로서 다음 각각의 용도로 지출한 비용을 말한다. 다만, 다음 ⑦의 경우에는 공연물 관람 가격에 해당하는 금액만 해당한다.

① 「문화예술진흥법」 제2조에 따른 문화예술의 공연이나 전시회 또는 「박물관 및 미술관 진흥법」 에 따른 박물관의 입장권 구입

② 「국민체육진흥법」 제2조에 따른 체육활동의 관람을 위한 입장권의 구입

③ 「영화 및 비디오물의 진흥에 관한 법률」 제2조에 따른 비디오물의 구입

④ 「음악산업진흥에 관한 법률」 제2조에 따른 음반 및 음악영상물의 구입

⑤ 「출판 및 인쇄진흥법」 제2조에 따른 간행물의 구입

⑥ 「관광진흥법」 제48조의 2 제3항에 따라 문화체육관광부장관이 지정한 문화관광축제의 관람 또는 체험을 위한 입장권·이용권의 구입

⑦ 「관광진흥법 시행령」 제2조 제1항 제3호 마목에 따른 관광공연장의 입장권으로서 입장권 가격 중 식사·주류 가격과 공연물 관람 가격이 각각의 시가 등에 비추어 적정한 가격으로 기재되어 있는 입장권의 구입

⑧ 기획재정부령으로 정하는 박람회의 입장권 구입

한편, 문화접대비 한도에 대한 특례[접대비 한도금액의 10%에 상당하는 금액을 손금으로 인정하는 것]를 적용받기 위해서 "문화접대비"로서

「일정 금액」을 초과하여 지출해야하는 금액의 수준은 해당 과세연도에 접대비로 지출한 총 금액의 3%에 해당하는 금액을 말한다

참고 문화접대비 한도계산을 함에 있어서 「총접대비」는 접대비 직부인액과 신용카드 등 미사용 손금부인액을 차감한 금액임을 의미한다.

3) 접대비와 판매부대비용과의 비교

법인이 업무와 관련하여 지출하는 비용 중 접대비는 장래의 수익실현을 기대하여 접대 등의 행위에 의하여 거래관계의 원활한 진행을 도모하기 위하여 지출하는 비용으로서 지출의무가 없고 지출이 수익의 실현에 직접 대응되지 아니하여 지출 효과가 계측되지 아니하는 비용(추상적임)으로서 일정한도 내에서만 법인세법상 손금으로 인정된다.

반면, 상품 등의 판매와 관련하여 고객에 지출되는 경비로서 그 형태가 접대비와 유사한 경우라도 비용의 지출이 수익의 실현에 결정적으로 기여하거나 지출의무가 있는 경우로서 건전한 사회통념과 상관행에 비추어 정상적인 거래라고 인정될 수 있는 범위 안의 금액으로서 기업회계기준에 따라 계상한 금액은 수익을 직접적으로 실현시키는 판매부대비용으로 보아 전액을 손금에 산입한다.

법인세법상 판매부대비용은 건전한 사회통념과 상관행에 비추어 정상적인 거래라고 인정될 수 있는 범위 안의 금액으로서 기업회계기준에 따라 계상한 금액으로 정하고 있으며 판매부대비는 당해 법인의 제품, 상품 등의 판매와 직접 관련하여 거래처 또는 불특정고객을 상대로 사전약정(신문, 방송 및 기타 광고방법에 의하여 공시한 경우를 포함함)에 따라 지급하는 장려금, 보조금, 매출할인 및 사은품·답례품·경품권 등의 증정에 따른 지출액으로 한다. 그러나 특정고객을 상대로 지출하거나 사전약

정이 없이 지출하는 것은 접대비로 구분한다.

종전에는 매출할인 또는 장려금 등 판매부대비용에 유사한 손비로서 거래처와의 사전약정 없이 지출한 금품의 가액은 법에 특별한 규정이 있는 경우를 제외하고는 이를 접대비로 보았다. 그러나 매출할인 및 장려금 등에 사전약정의 여부와는 관계없이 당해 지출한 비용의 성격에 따라 구분하도록 개정되었다.

3) 접대비와 채권의 임의포기액과의 비교

약정에 의하여 채권의 전부 또는 일부를 포기하는 경우에도 이를 대손금으로 보지 아니하며 기부금 또는 접대비로 본다. 다만, 특수관계자 외의 자와의 거래에서 발생한 채권으로서 채무자의 부도발생 등으로 장래에 회수가 불확실한 어음·수표상의 채권 등을 조기에 회수하기 위하여 당해 채권 일부를 불가피하게 포기한 경우 동 채권의 일부를 포기하거나 면제한 행위에 객관적으로 정당한 사유가 있는 때에는 동 채권포기액을 손금에 산입한다.

참고 복운업의 접대비 한도계산 시 매출액을 특수관계자 간의 매출액으로 보아야 하는지?

① 복운업의 매출액은 운송주선에 따른 운임과 기타 부대수수료로 구분할 수 있는데 무역거래조건에 따라 운임 등이 국내가 아닌 외국의 수입자 또는 수출자가 부담하는 경우 해당국의 Partner Ship을 맺은 포워더 등으로부터 운임 등을 대리 징수하여 받을 수 있다.

즉, 매출액을 총액법으로 처리하는 경우 선적을 국내에서 하는 것과는 별개로 운임 등의 지급이 해외에서 이루어질 수 있는데 이를 직접 해외파트너로부터 송금받건, Consolidation 업체에 위탁하여 정산하건 모두 매출액으로 보는 것이 총액법의 취지에 합당한 것이다.

② 이런 경우 복운업은 Global Network가 필요한 업종의 특성상, 국내에 진출해 있는 외국투자 현지법인인 포워더의 경우 해외파트너로부터 지급받는 운임 등이 특수관계자 간의 매출액으로 볼 수 있는가의 문제가 대두되는데, 이는 특수관계자 간의 매출액으로 보지 않는 것이 타당하다고 생각된다. 왜냐하면, 특수관계자 간의 매출액에 대하여는 접대비 한도를 축소시킨 취지는 일반적인 매출액보다는 매출에 드는 비용이 적게 들 것으로 판단하였기 때문인데, 포워더는 운송주선의 용역제공을 해외파트너에게 판매한 것이 아니라 해당국의 수입자에게 판매한 것인고 무역대금 결제조건상 용역제공의 판매대금인 운임 등을 파트너를 통하여 대리 징수하는 것일 뿐, 파트너십 관계에 있는 국외포워더에게 운임을 받는 것이 아니기 때문이다.

만일, 국내수출업자 또는 국내수입업자와 출자 등의 관계로 특수관계가 되어 있다면 국내 수출업자 등에게 받는 운임 등은 특수관계자 매출로서 접대비 한도계산 시 축소의 대상이 되지만 국외 파트너십관계에 있는 포워더와 출자 등의 관계에 있다 하더라도 매출의 직접 상대방이 아니기 때문에 특수관계자 간 매출로 보기 어렵다고 판단된다.

3

가지급금 관련 세무회계

가지급금이란 기업회계상 미결산계정의 일종으로서 현금·수표등의 금전을 지출하였으나 이것을 처리할 계정과목 또는 금액이 미확정된 경우 이들이 확정될 때까지 일시적으로 설정되는 가계정을 말한다.

가지급금의 내용은 종업원에 대한 급여의 가불금 등과 같이 현금으로 회수될 것, 여비의 선급 등과 같이 비용으로 처리될 것, 부채 혹은 수익의 감소로 처리할 것 등이 있는바, 이는 그 내용이 불분명하기 때문에 회계조작 등으로 악용되거나 재무제표의 이용자가 오해할 우려가 크므로 부득이 이러한 계정을 설정한 경우에는 그 성질을 나타내는 적절한 과목으로 처리하도록 함으로써 대차대조표상에는 이를 표시할 수 없도록 하고 있다.

그러나 세법상의 가지급금은 기업회계상의 가지급금과는 달리 기장이나 계정과목의 명칭 여하에 불구하고 당해 법인의 고유목적사업과 직접적인 관련이 없는 특수관계인에 대한 일체의 대여금액을 말한다.

세법상 가지급금에 대하여는 다음과 같은 불이익이 있다.

1) 가지급금관련 지급이자 손금불산입

법인이 업무와 관련 없는 부동산이나 업무와 관련 없는 동산 및 업무무관 가지급금을 취득하거나 보유하는 경우에는 법정의 지급이자를 손금에 산입하지 아니한다. 이는 차입한 자금이 비생산적인 자산을 취득·보유하는 데 사용되거나 부동산투기를 목적으로 업무와 관련 없는 부동산을 취득하는 데 사용되는 것을 규제하려는 조치이다.

(1) 업무와 관련 없는 부동산

업무와 관련 없는 부동산이란 당해 법인의 업무와 직접 관련이 없다고 인정되는 자산으로서 다음에 해당하는 자산을 말한다.

① 법인의 업무에 직접 사용하지 아니하는 부동산
② 유예기간에 당해 법인의 업무에 직접 사용하지 아니하고 양도하는 부동산

(2) 업무와 관련이 없는 동산

당해 법인의 업무인 직접 관련이 없다고 인정되는 자산으로서 다음에 해당하는 동산을 말한다.

① 서화·골동품. 다만, 장식·환경미화 등의 목적으로 사무실·복도 등 여러 사람이 볼 수 있는 공간에 상시 비치하는 것을 제외한다.
② 업무에 직접 사용되지 아니하는 자동차·선박·항공기
③ 기타 이와 유사한 자산으로서 당해 법인의 업무에 직접 사용되지 아니하는 자산

(3) 특수관계자에 대한 업무무관 가지급금

"업무와 직접관련 없이 지급한 가지급금"이란 명칭 여하에 불구하고 특수관계에 있는 자에게 지급한 당해 법인의 업무와 관련이 없는 자금의 대여액을 말한다. 가지급금의 적수 계산에서 동일인에 대한 가지급금과 가수금이 함께 있는 경우에는 이를 상계한다.

🔘 가지급금과 가수금의 상계배제

동일인에 대한 가지급금 등과 가수금의 발생시에 각각 상환기간 및 이자율 등에 관한 약정이 있어 이를 상계할 수 없는 경우에는 상계를 하지

아니한다.

참고 법인이 특수관계자에 대한 가지급금을 보유하는 경우에 업무 무관 가지급금으로 하여 당해 가지급금 관련 지급이자를 손금불산입함과 동시에 부당행위계산부인규정을 적용하여 당해 가지급금에 대한 인정이자를 익금산입한다. 그런데 "업무무관가지급금 지급이자 손금불산입"과 "가지급금 인정이자 익금산입"은 적용방식에서 다음과 같은 차이가 있다.

가지급금인정이자와 지급이자손금불산입의 비교

구분	가지급금인정이자 익금산입	업무무관 가지급금 지급이자 손금불산입
적용근거	부당행위계산부인	자금의 비생산적 사용에 대한 규제
이자비용 존재여부	이자의 수령부분을 감안함. 따라서 인정이자와 약정이자의 차액을 익금산입함.	이자의 수령여부와 무관함. 따라서 이자를 수령하더라도 지급이자 손금불산입규정을 적용함.
가지급금의 집계	개인별로 가지급금과 가수금을 비교하여 집계함	법인 전체의 가지급금과 가수금적수를 일자별로 집계함.

참고 2007년 10월, (갑)법인(9%이상인 차입금이 없는 법인)이 (을)은행으로부터 6%의 차입금을 조달하여, 계열회사인 (을)법인에게 상환기간과 이자율을 9%로 약정하여 동 자금을 대여한 경우, (갑)법인의 입장에서 가지급금 인정이자와 지급이자 손금불산입이 적용되는 상황은?

(갑)법인의 가중평균차입이자율을 6%로 가정한다.

(갑)법인은 가중평균차입이자율이 6%인 상태에서 2007년10월 현재 9%로 특수관계자에게 자금을 대여하였으므로 가지급금 인정이자로 익금에 산입할 금액은 발생하지 아니한다. 그러나 (갑)법인의 입장에서 특수관계자에게 자금을 대여하였으므로 가지급금이 발생하였고, 차입금의 지급이자 발생하였으므로 "임시지급금 관련 지급이자 손금불산입" 규정을 적용받게 된다.

(4) 지급이자부인액의 계산 및 소득처분

법인이 지출한 지급이자 중 업무와 관련 없는 자산의 보유에 대한 지급이자 손금부인액은 다음 산식에 의해 계산하고, 손금불산입액은 기타 사외유출로 소득처분 한다.

$$\text{지급이자} = \frac{\text{업무와 관련없는 부동산 및 동산과 업무 무관 가지급금의 적수(총차입금 적수 한도}}{\text{총차입금 적수}}$$

(5) 지급이자의 범위

업무 무관 가지급금 지급이자 손금불산입을 적용에서 지급이자에 포함되는 것과 포함되지 않는 것의 구분은 다음과 같다.

가) 지급이자에 포함되는 경우
- ① 금융어음에 대한 할인료
- ② 전환사채 지급이자
- ③ 사채할인발행차금 상각액
- ④ 수출금융 명목의 차입금이자
- ⑤ 전환사채보유자에게 지급하는 상환할증금

나) 지급이자에 포함되지 않는 경우

① 상업어음에 대한 할인료
② 기업구매자금대출금에 대한 이자
③ 현재가치할인차금 상각액
④ 연지급 수입에 대한 이자
⑤ 운용리스 조건 리스료
⑥ 보증사채발행 시 지급보증수수료

(6) 가지급금에 대한 이중적인 규제

동일한 가지급금에 대한 인정이자를 익금산입하고, 지급이자를 손금불산입하므로 이중과세가 아니냐는 의문이 있다. 가지급금 인정이자는 적정한 이자를 받지 않은 경우에 적용[부당행위계산부인]하며, 지급이자 손금불산입은 차입한 자금을 생산적인 목적에 사용하지 아니한 것에 대한 규제로서 규제의 목적이 서로 다르다.

(7) 관련 사례 해설

가) 지급이자 손금불산입에 적용되는 차입금

법인세법 제28조의 규정 중 "차입금"이라 함은 지급이자 및 할인료를 부담하는 모든 부채를 말한다. 이 경우 상품, 제품 등을 매출하고 받은 상업어음을 할인한 경우의 할인어음은 차입금으로 보지 아니하고, 금융리스에 의한 리스료 중 유효이자율법에 의하여 계산한 이자상당액을 제외한 금액(상환액은 제외한다)은 차입금에 포함한다.

나) 이중과세 문제 여부

특수관계자의 가지급금에 대하여 법인의 이자수익으로 계상하는 것은 당연히 그 법인에 귀속되어야 할 수익을 법인이 임의로 포기한 경우에 해당되는 것이며, 「법인세법 시행령」 제53조 제1항의 (업무무관자산에 대한 지급이자 손금불산입)은 법인자금의 비생산적인 사용을 억제하여 건전한 자금의 효율적 운용 도모가 목적이므로, 가지급금에 대한 이자수익 계상과 업무무관자산의 지급이자에 손금불산입하는 것에 있어 중복과세의 문제는 없는 것임

다) 부동산을 유예기간이 경과한 후 업무에 사용하지 않는 경우

내국법인이 취득하여 보유하고 있는 부동산을 유예기간이 경과한 후에도 법인의 업무에 직접사용하지 아니하는 경우에는 업무와 관련없는 자산으로 보아 「법인세법」 제28조 제1항 제4호의 규정에 의하여 지급이자 손금불산입 규정을 적용하는 것임

라) 정기예금을 담보로 제공하여 특수관계법인이 대출받는 경우

정기예금을 담보로 제공하여 특수관계법인이 대출받게 한 것은 자금의 우회대여이며 업무무관 가지급금에 해당되는 것으로 인정이자를 계산하여 익금산입하고 관련 지급이자를 손금부인하는 것임

마) 거래처의 효율적인 관리를 자금을 대여하는 경우

법인의 주 업무와 관련없는 가지급금은 업무 무관 가지급금이나, 거래처의 효율적인 관리를 위하여 모든 거래처에 일반적으로 적용된다면 업무 무관 가지급금이 아님

바) 특수관계자에게 당좌대월이자율로 자금을 대여한 경우

자금대여가 주업이 아닌 법인이 특수관계자에게 국세청장이 정하는 당좌대월이자율에 의해 이자를 수수하기로 약정한 경우에도 당해 대여금

은 업무 무관 가지급금에 해당함

즉, 특수관계자에게 당좌대월이자율로 이자를 받고 자금을 대여한 경우, 부당행위계산부인인 가지급금인정이자는 제외되더라도, 업무 무관 가지급금 지급이자 손금불산입은 적용된다는 것을 의미한다.

사) 매출채권 지연회수금액을 소비대차형식으로 전환한 경우

법인이 특수관계 있는 판매법인에 대한 외상매출금을 회수함에 있어서 약정에 대한 결제기일까지 회수되지 않는 경우 그 지연금액을 소비대차형식으로 약정하는 경우에도 당해 법인의 업무와 관련있는 것으로 인정되는 때에는 법인세법 제28조 제1항 제4호 나목의 규정에 의한 "업무와 관련없이 지급한 가지급금 등"으로 보지 아니하는 것임.

이 경우 업무와 관련된 것인지의 여부는 당해 법인의 목적사업, 영업내용 및 상거래관행 등을 종합적으로 감안하여 판단할 사항으로 상거래관행상 거래처의 효율적인 관리를 위하여 외상매출금의 회수지연에 따라 지연된 기간만큼 이자상당액을 받는 것으로서 특수관계 유무에 관계없이 모든 거래처에 일반적으로 적용되고, 그 회수지연기간이 통상적인 거래관행 이내인 경우 업무와 관련된 것으로 보는 것이 타당함

아) 법인등기부상의 목적사업으로 정하여진 업무가 아닌 경우

○○공사가 독립된 사업장의 지역난방시설에 관련된 권리·의무를 제3자에게 양도하면서 당해 사업장의 토지는 임대하는 경우 토지임대에 관한 사업자등록 여부와 관계없이 부동산임대업이 법인등기부상의 목적사업으로 정하여진 업무가 아닌 경우에는 법인세법시행령 제49조 규정의 업무와 관련없는 자산에 해당하는 것이나, 같은법 시행규칙 제26조 제5항 제17호의 규정에 의한 유예기간이 경과되기 전에는 업무와 관련 없는

자산으로 보지 아니하는 것임

2) 가지급금 인정이자 익금산입

법인이 특수관계자에게 무상 또는 낮은 이율로 금전을 대여한 경우에
는 다음 산식에 의하여 계산한 인정이자 상당액과 법인이 계상한 이자와
의 차액을 각 사업연도의 소득금액계산 시 익금에 산입하고 귀속자에 따
라 배당·상여·기타소득·기타 사외유출로 처분한다.

(1) 가지급금을 특수관계 소멸시기까지 회수하지 못한 경우

가지급금을 특수관계 소멸시기까지 회수하지 못한 경우, 특수관계가
소멸하는 날이 속하는 사업연도에 손금산입(가지급금 : △유보)·익금산
입(상여 등 소득처분)으로 처리한다. 다만, 회수하지 못하는 정당한 사유
가 있거나, 회수할 것임이 객관적으로 인정되는 경우에는 그러하지 아니
하다. 이러한 가지급금 관련 인정이자는 다음과 같이 계산한다.

$$(가지급금적수 - 가수금적수) \times 인정이자율 \times 1/365$$

(2) 가지급금 등의 적수

가지급금의 적수란 각 인별로 계산한 매일의 잔액의 합계액을 말하며,
동일인에 대하여 가지급금과 가수금이 함께 있는 경우에는 이를 상계하
고 남은 잔액을 말한다. 적수는 특수관계가 존속하는 기간까지 계산하며
이 경우에는 간편법을 적용하지 아니한다.

(3) 인정이자율

가) 원칙 : 가중평균차입이자율적용

금전의 대여 또는 차용의 경우에는 일반적인 시가규정에 불구하고 재정경제부령으로 정하는 바에 따라 계산한 「가중평균차입이자율」을 시가로 한다. 다만, 가중평균차입이자율의 적용이 불가능한 경우로서 재정경제부령으로 정하는 경우에는 재정경제부령으로 정하는 「당좌대출이자율」을 시가로 한다. 가중평균차입이자율은 법인이 대여시점 현재 각각의 차입금 잔액(특수관계자로부터의 차입금은 제외한다)에 차입 당시의 각각의 이자율을 곱한 금액의 합계액을 해당 차입금 잔액의 총액으로 나눈 비율을 말한다.

$$\text{가중평균차입이자율} \ = \ \frac{(\text{대여시점 차입금잔액}) \times (\text{차입이자율})\text{의 합계액}}{\text{당해 차입금잔액의 총액}}$$

이 경우 법인이 변동금리로 차입한 경우에는 차입 당시의 이자율로 차입금을 상환하고 변동된 이자율로 동 금액을 다시 차입한 것으로 본다. "가중평균차입이자율"을 적용하는 개정규정은 2007년2월28일 이후 최초로 대여 또는 차용하는 분부터 적용한다. 산식에서 확인한 바와 같이 "가중평균차입이자율"은 법인이 "대여시점 현재" "각각의 차입금 잔액"에 "차입 당시의 각각의 이자율"을 적용하는 것이므로 가지급금의 대여시기마다 각 각 "가중평균차입이자율"을 계산하여 적용하게 된다.

나) 예외 : 가중평균차입이자율을 적용할 수 없는 경우 당좌대출이자율 적용

가중평균차입이자율의 적용이 불가능한 경우로서 재정경제부령으로 정하는 경우라 함은 특수관계자가 아닌 자로부터 차입한 금액이 없거나 차입금 전액이 채권자가 불분명한 사채 또는 매입자가 불분명한 채권·증권의 발행으로 조달된 경우를 말한다. 이 경우에는 당좌대출이자율을 적용한다.

결과적으로 ① 가중평균차입이자율을 우선 적용하고, 가중평균차입이자율을 적용할 수 없는 경우에 ② 당좌대출이자율을 적용한다.

참고 국세청장이 정하는 당좌대월이자율

① '99년7월1일 이후 2001년 12월 31일까지 이자율: 연 11%를 적용.

② 2009년3월30일 이후 연 8.5%를 적용

(3) 인정이자의 소득처분

법인이 특수관계자 간의 금전거래에서 상환기간 및 이자율 등에 대한 약정이 없는 대여금 및 가지급금에 대한 인정이자 상당액은 미수이자로 자산으로 계상할 수 없으며 이를 익금에 산입하는 사업연도에서 특수관계자의 구분에 따라 다음과 같이 소득처분 한다.

① 주주 등(임원 또는 사용인인 주주 등은 제외) : 배당 → 배당소득세 징수

② 임원 또는 사용인 : 상여 → 근로소득세 징수

③ 법인 또는 사업을 영위하는 개인 : 기타 사외유출

④ 기타의 개인 : 기타소득 → 기타소득세 징수

(4) 가지급금 등의 상환기간과 이자율 등의 약정이 있는 경우

법인이 특수관계자 간의 금전거래에서 상환기간 및 이자율 등에 대한 약정이 있는 경우 약정된 이자는 미수이자로 계상할 수 있으나 가지급금 등의 원금과 이에 대한 인정이자상당액을 다음의 기간까지 회수하지 아니한 경우에는 다음에 해당하는 날이 속하는 사업연도에 손금산입하고

다시 손금불산입(배당, 상여 등) 한다.

① 특수관계가 소멸할 때까지 회수되지 아니한 가지급금 등과 미수이 자는 특수관계 소멸일

② 특수관계가 계속되는 경우의 미수이자는 이자발생일이 속하는 사 업연도 종료일부터 1년이 되는 날

참고 판정사례

상환기간과 이자율을 약정한 경우란 금전거래마다 개별약정에 의하여 원금과 이자에 대한 상환기간 및 이자율 등을 구체적으로 명시한 경우를 말하는데 이에 대한 판정사례를 보면 다음과 같다.

① 특수관계자 간에 금전거래마다 상환기간 및 이자율을 약정하지 아 니하고 연말에 일정이자율에 의하여 금전거래에 따른 이자를 정산 하기로 한 경우에는 약정이 있는 것으로 볼 수 없다.

② 법인이 특수관계자와 금전거래에서 금전거래마다 개별약정에 대하 여 원금과 이자에 대한 상환기간 및 이자율 등을 구체적으로 명시 하지 아니한 때에는 상환기간을 정하여 약정한 것으로 보지 아니한 다.

③ 특수관계자에게 금전을 대여하고 이자율 등에 관한 약정을 체결하 였으나 그 상환기간을 구체적으로 정하지 아니하고 채무자가 임의 로 상환할 수 있도록 한 때에는 당해 대여금에 대하여 결산상 미수 이자를 계상한 경우에도 동 미수이자는 익금불산입하고 인정이자 를 계산하여 익금산입하고 소득처분 한다.

참고 **중소기업의 범위**

중소기업기본법상 중소기업의 육성을 위한 시책의 대상이 되는 중소

기업자는 업종의 특성과 상시근로자 수, 자산규모, 매출액 등을 참작하여 그 규모가 대통령령이 정하는 기준 이하이고, 그 소유 및 경영의 실질적인 독립성이 대통령령이 정하는 기준에 해당하는 기업이어야 한다.

중소기업은 다음 각 호의 기준을 모두 갖춘 기업으로 한다(중소기업기본법 시행령 제3조, 2009.11.19).

1. 해당 기업이 영위하는 주된 사업의 업종과 해당 기업의 상시근로자 수, 자본금 또는 매출액의 규모가 별표 1의 기준에 맞는 기업. 다만, 다음 각 목의 어느 하나에 해당하는 기업은 제외한다.

   가. 상시근로자 수가 1천 명 이상인 기업

   나. 자산총액(직전 사업연도 말일 현재 대차대조표에 표시된 자산총액을 말한다)이 5천억원 이상인 법인. 이 경우 외국법인의 자산총액을 원화로 환산할 경우에는 직전 사업연도 말일 현재의 종가환율 또는 직전 사업연도의 평균환율을 적용하여 환산한 금액 중 적은 것으로 한다.

   다. 자기자본이 5백억원 이상인 기업

   라. 직전 3개 사업연도의 평균 매출액이 1천5백억원 이상인 기업

2. 소유와 경영의 실질적인 독립성이 다음 각 목 모두에 해당하는 기업

   가. 「독점규제 및 공정거래에 관한 법률」 제14조제1항에 따른 상호출자제한기업집단에 속하지 아니하는 회사일 것

   나. 제1호나목에 따른 법인(「중소기업창업 지원법」에 따른 중소기업창업투자회사와 이에 준하는 자로서 중소기업 육성을 위하여 중소기업청장이 정하여 고시하는 자는 제외한다)이 발행주식(「상법」 제370조에 따른 의결권 없는 주식은 제외한다) 총수의 100분의 30 이상을 직접적 또는 간접적으로 소유한 최대주주(법인의 의결권 있는 발행주식 총수를 기준으로 본인 및 그와 특수관계자가 소유하는

주식을 합하여 그 수가 가장 많은 경우의 본인을 말한다. 이 경우 특수관계자는 본인이 개인인 경우 사실상 혼인관계에 있는 자를 포함한 배우자, 8촌 이내의 혈족 및 4촌 이내의 인척을 말하며, 본인이 법인인 경우 그 법인의 임원을 말한다)인 기업이 아닐 것. 이 경우 발행주식의 간접소유 비율에 관하여는 「국제조세조정에 관한 법률 시행령」 제2조제2항을 준용한다.

다. 관계회사에 속하는 기업의 경우에는 제7조의2에 따라 산정한 상시근로자 수, 자본금, 매출액, 자기자본 또는 자산총액(이하 "상시근로자 수등"이라 한다)이 제1호에 따른 기준을 초과하는 기업이 아닐 것

[별표 1]

중소기업의 업종별 상시근로자 수, 자본금 또는 매출액의 규모기준

(제3조 제1호 관련, 개정 2009.3.25)

해당업종	분류부호	규모기준
제조업	C	상시근로자 수 300명 미만 또는 자본금 80억원 이하
광업	B	상시근로자 수 300명 미만 또는 자본금 30억원 이하
건설업	F	
운수업	H	
출판, 영상, 방송통신 및 정보서비스	J	상시근로자 수 300명 미만 또는 매출액 300억원 이하
사업시설관리 및 사업지원서비스업	N	
보건 및 사회복지사업	Q	
농업, 임업 및 어업	A	상시근로자 수 200명 미만 또는 매출액 200억원 이하
전기, 가스, 증기 및 수도사업	D	
도매 및 소매업	G	
숙박 및 음식점업	I	
금융 및 보험업	K	
전문, 과학 및 기술 서비스업	M	
예술, 스포츠 및 여가관련산업	R	
하수처리, 폐기물 처리 및 환경 복원업	E	상시근로자 수 100명 미만 또는 매출액 100억원 이하
교육 서비스업	P	
수리 및 기타서비스업	S	
부동산업 및 임대업	L	상시근로자 수 50명 미만 또는 매출액 50억원 이하

※ 해당 업종의 분류 및 분류부호는 「통계법」 제22조에 따라 통계청장이 고시한 한국표준산업분류에 따른다.

[별표 2]
관계회사의 상시근로자 수 등의 산정기준(제7조의2 관련)

(개정 2009.3.25)

1. 이 표에서 사용하는 용어의 뜻은 다음과 같다.
가. "형식적 지배"란 지배기업이 종속기업의 의결권 있는 주식등의 100분의 50 미만을 소유하고 있는 것을 말한다.
나. "실질적 지배"란 지배기업이 종속기업의 의결권 있는 주식등의 100분의 50 이상을 소유하고 있는 것을 말한다.
다. "직접 지배"란 지배기업이 자회사(지배기업의 종속기업을 말한다. 이하 이 표에서 같다) 또는 손자회사(자회사의 종속기업을 말하며, 지배기업의 종속기업으로 되는 경우를 포함한다. 이하 이 표에서 같다)의 의결권 있는 주식등을 직접 소유하고 있는 것을 말한다.
라. "간접 지배"란 지배기업이 손자회사의 주주인 자회사의 의결권 있는 주식등을 직접 소유하고 있는 것을 말한다.

2. 지배기업이 종속기업에 대하여 직접 지배로서 형식적 지배를 하는 경우에는 지배기업 또는 종속기업의 상시근로자 수등으로 보아야 할 상시근로자 수등(이하 "전체 상시근로자 수등"이라 한다)은 다음 각 목에 따라 계산한다.

가. 지배기업의 전체 상시근로자 수등은 그 지배기업의 상시근로자 수등에 지배기업의 종속기업에 대한 의결권 있는 주식등의 소유비율과 종속기업의 상시근로자 수등을 곱하여 산출한 상시근로자 수등을 합산한다.

나. 종속기업의 전체 상시근로자 수등은 그 종속기업의 상시근로자 수등에 지배기업의 종속기업에 대한 의결권 있는 주식등의 소유비율과 종속기업의 상시근로자 수등을 곱하여 산출한 상시근로자 수등을 합산한다.

3. 지배기업이 종속기업에 대하여 직접 지배로서 실질적 지배를 하는 경우에는 지배기업 또는 종속기업의 전체 상시근로자 수등은 다음 각 목에 따라 계산한다.
가. 지배기업의 전체 상시근로자 수등은 그 지배기업의 상시근로자 수등에 종속기업의 상시근로자 수등을 합산한다.
나. 종속기업의 전체 상시근로자 수등은 그 종속기업의 상시근로자 수등에 지배기업의 상시근로자 수등을 합산한다.

4. 지배기업이 손자회사에 대하여 간접 지배를 하는 경우에는 지배기업 또는 손자회사의 전체 상시근로자 수등은 다음 각 목에 따라 계산한다.
가. 지배기업의 전체 상시근로자 수등은 그 지배기업의 상시근로자 수등에 지배기업의 손자회사에 대한 의결권 있는 주식등의 간접 소유비율과 손자회사의 상시근로자 수등을 곱하여 산출한 상시근로자 수등을 합산한다.
나. 손자회사의 전체 상시근로자 수등은 그 손자회사의 상시근로자 수등에

지배기업의 손자회사에 대한 의결권 있는 주식등의 간접 소유비율과 지배기업의 상시근로자 수등을 곱하여 산출한 상시근로자 수등을 합산한다.

5. 제4호에서 지배기업의 손자회사에 대한 의결권 있는 주식등의 간접 소유비율은 다음과 같다.

가. 지배기업이 자회사에 대하여 실질적 지배를 하는 경우에는 그 자회사가 소유하고 있는 손자회사의 의결권 있는 주식등의 소유비율. 다만, 자회사가 둘 이상인 경우에는 각 자회사별로 계산한 소유비율을 합한 비율로 한다.

나. 지배기업이 자회사에 대하여 형식적 지배를 하는 경우에는 그 소유비율과 그 자회사의 손자회사에 대한 의결권 있는 주식등의 소유비율을 곱한 비율. 다만, 자회사가 둘 이상인 경우에는 각 자회사별로 계산한 소유비율을 합한 비율로 한다.

4

복합운송주선업의 조세감면

1) 조세지원을 받기 위한 기본자격

세법에서는 다양한 감면과 공제를 통해 조세지원을 하고 있는바 이들 대부분이 중소기업에 집중되어 있다. 복합운송주선업자는 중소기업에 해당한다면 여러 가지 감면 등을 통해 세 부담을 절감할 수 있는데 조세특례제한법상의 중소기업이란 다음의 요건을 모두 만족하여야 한다.

① 중소기업 해당 업종을 주된 사업으로 해야 한다. 복합운송주선업은 한국표준산업분류상 화물운송주선업(코드번호 63991)에 해당하고 물류산업에 해당하므로 중소기업 해당 업종이라 할 수 있다. 만일 복합운송주선업과 무역업 등을 같이 영위하는 등 두 개 이상의 사업을 영위하고 있다면 사업별로 수입금액이 큰 금액을 주된 사업으로 본다.

② 당해 기업에 상시 사용하는 종업원 수, 자본금 또는 매출액이 업종별로 중소기업기본법시행령 [별표1]의 규정에 의한 규모기준 이내이어야 하는데 복합운송주선업은 상시근로자 수가 200인 미만이거나 매출액이 200억원 이하면 규모기준 이내가 된다. 이때 자본금이란 대차대조표상의 자본금과 대차대조표상의 자산에서 부채를 차감한 순자산 중 많은 금액으로 하며 매출액이란 손익계산서상의 매출액을 말한다. 또한, 상시사용근로자 수는 매월 당해 과세연도의 매월 말일 현재의 인원을 합하여 해당 월수로 나눈 인원을 기준으로 하여 계산한다.

③ 자산총액이 5천억 이상인 법인이 30% 이상 투자한 법인이거나 상호출자제한집단에 속하는 법인이라면 중소기업에 해당하지 아니한다.

④ 다음 중 어느 하나에 해당한다면 중소기업에 해당하지 아니한다.

1. 상시 사용하는 종업원 수가 1천 명 이상
2. 자기 자본이 1천억원 이상
3. 매출액이 1천억원 이상
4. 자산총액이 5천억원 이상

2) 조세지원의 내용

(1) 창업중소기업에 대한 법인세 감면

복합운송주선업자가 수도권과밀억제권역(서울, 경기, 인천 등)외의 지역에서 창업한 경우 당해 사업에서 최초로 소득이 발생한 과세연도와 그 다음 3년간의 과세연도에서 발생한 소득에 대한 법인세를 50% 감면한다.

(2) 중소기업 특별세액 감면

복합운송주선업이 중소기업 특별세액 감면을 받으려면 중소기업의 개념과는 다른 소기업의 개념을 먼저 알아야 한다.

소기업이란 중소기업에 해당하는 복합운송주선업자로서 "상시 사용하는 종업원 수"가 50명 미만이어야 한다. 만일 규모의 증가로 인해 종업원 수가 소기업의 범위를 벗어난다면 소기업으로서의 중소기업 특별세액 감면은 받을 수 없다.

이러한 중소기업 특별세액 감면은 다음과 같이 계산한다.

$$\text{법인세산출세액} \times \frac{\text{감면소득}}{\text{과세표준금액}} \times \text{감면율}(\,5\% \sim 15\%)$$

이때 업종별 중소기업특별세액 감면율은 다음과 같이 구분된다.

소재지	대상법인	업 종	감면율
수도권내	중소기업	지식기반산업(엔지니어링사업, 부가통신업, 연구 및 개발업, 정보처리 및 기타컴퓨터운영관련업)	10%
	소기업	도매업, 소매업, 의료업, 자동차정비업, 관광사업	5%
	소기업	기타 (복합운송주선업포함)	10%
수도권외	중소기업	도매업, 소매업, 의료업, 자동차정비업, 관광사업	5%
		기타	15%

위 표를 보면 복합운송주선업자의 감면율은 다음과 같다.

① 본점이 수도권 내에 소재한다면 소기업에 한하여 10%의 감면율을 적용한다.

② 본점이 수도권외의 지역에 소재하고 수도권 내의 사업장이 소기업에 해당한다면 20%를 감면하고 수도권외의 사업장이 소기업에 해당한다면 30%(중소기업은 15%)를 감면한다.

(3) 성실신고 소규모 기업에 대한 과세특례

다음의 요건을 모두 만족시키는 경우

① 복합운송주선사업자로서 직전 과세연도의 수입금액이 3억원에 미달하여야 한다. 신규사업자는 당해 과세연도의 수입금액을 적용한다.

② 직전 과세기간 과세표준대비 130%를 초과하여 수입금액을 신고하여야 한다.

③ 해당 연도의 소득금액을 직전 소득금액 이상으로 신고하여야 한다.

④ 세금계산서 발행비율이 직전 과세기간보다 증가하여야 한다.

⑤ 장부를 비치 기장하여야 한다.

위의 요건을 모두 만족시킨다면 초과하여 신고한 수입금액에 해당하는 법인세와 부가가치세를 100% 또는 50%를 감면한다.

(4) 고용창출기업 창업기업에 대한 세액감면

복합운송주선업을 영위하는 법인으로서 2004년 7월1일부터 2006년 12월31일까지 창업하는 법인이 상시근로자 수가 최소 5인 이상을 고용한다면 세액감면을 받을 수 있다. 동 규정은 2006년12월30일 삭제되었지만, 경과조치에 의하여 종전의 요건에 따라 창업한 기업은 종전 규정의 적용을 받는다.

이때 상시근로자란 "내국인근로자"를 말하는 것으로서 다음에 해당하는 자를 제외한다.

① 근로계약이 1년 미만인 자

② 비상근 촉탁 근로자

③ 당해 기업의 최대주주 또는 최대출자자와 그 배우자

④ 위 ③에 해당하는 자의 직계존비속과 그 배우자

⑤ 위 ③에 해당하는 자의 형제·자매

⑥ 근로소득원천징수부에 의해 원천징수한 사실이 확인되지 아니하는 자

⑦ 국민연금 또는 건강보험료 등의 납부사실이 확인되지 아니하는 자

위의 요건을 충족하는 경우 복합운송주선업자는 감면사업에서 최초로 소득이 발생한 과세연도(사업개시일부터 5년이 되는 날이 속하는 과세연도까지, 당해 사업에서 소득이 발생하지 아니할 때에는 5년이 되는 날이

속하는 과세연도)와 그다음 과세연도의 개시일부터 3년 이내에 종료하는 과세연도까지 당해 사업에서 발생하는 소득에 대한 소득세(사업소득에 대한 소득세에 한한다.) 법인세의 50%에 상당하는 세액을 감면한다.

(5) 기타 조세지원

기타 다음과 같은 규정도 복합운송주선업자에 대한 조세지원이다.

① 접대비의 손금산입한도액 계산에서 기본금액이 1,800만 원임.

② 결손금이 이월 공제될 뿐만 아니라 직전 연도로 소급 공제되어 법인세 환급이 가능함. 법인세납부세액이 1,000만 원을 초과하는 경우 분납할 수 있는바, 중소기업의 경우 납부기한 경과일로부터 45일 이내에 분납할 수 있음.

③ 대손금처리에서 중소기업은 부도발생일 이전의 외상매출금으로서 채무자의 재산에 대해 저당권을 설정하는 경우를 제외하고는 대손처리 할 수 있다.

④ 부가가치세를 매월 또는 분기별로 조기환급 받을 수 있다.

⑤ 대손금의 소멸시효완성기간이 1년이다.

5

이전가격 세제 등

1) 이전가격 세제

세법상 부당행위계산부인제도의 일종으로 기업이 국외특수관계자와의 거래 시에 정상가격보다 높게 대가를 지불하거나 낮은 대가를 받아 과세소득을 국외로 이전시키는 경우에 과세당국이 이전가격을 부인하고 정상가격으로 과세함으로써 자국의 과세권을 보호하고 국제적인 조세회피를 방지하려는 제도이다.

국내의 복합운송주선업자와 특수한 관계에 있는 비거주자 또는 외국법인과 거래가 있다면 법인세과세표준시 다음과 같은 서류를 첨부하여 제출하여야 한다.

① 정상가격산출방법신고서

② 국제거래명세서

③ 국외특수관계자의 거래손익요약명세서

이때 특수한 관계란 다음과 같은 경우를 말한다.

1. 당해 내국법인의 지분을 50% 이상 소유하는 외국에 거주하는 자 또는 외국법인

2. 당해 내국법인이 지분을 50% 이상 소유하는 다른 외국법인

3. 당해 내국법인의 지분을 50% 이상 소유하는 자가 50% 이상 소유하는 다른 외국법인

4. 당해 국내사업장을 가진 외국법인의 본점 또는 다른 국외사업장

2) 국제운수소득에 대한 원천징수

국내사업장으로 보지 아니하는 외국선박회사 대리점을 통하여 운송계약을 체결한 경우의 그 운임은 당해 외국법인의 국내원천소득으로 보는 것이므로 이를 지급하는 자는 원천징수 신고납부 하여야 한다. 그러나 대부분 국가와 국제운수소득에 대하여는 과세를 상호면세하므로 비과세된다.

6

국제물류소득 관련 예규

> (예규 1)
>
> 공항세 징수대행수수료의 과세

(서이 46017-11658, 2002.9.5)

질의 항공사의 공항세 징수대행 수수료에 대한 질의임. 인천국제공항공사에서 별도로 징수하던 공항세를 금번부터 티켓 판매시 티켓판매대금에 포함하여 항공사가 징수하고 나중에 정산하여 징수한 공항세를 인천국제공항공사에 돌려줍니다. 인천국제항공사는 항공사가 공항세를 징수한데 대하여 수수료를 지급합니다.

상기 공항세 징수절차는 모든 항공사가 동일합니다. 당사는 중국 국적의 항공사 국내지점으로서 국제운수소득에 대하여는 법인세법 제91조 및 조세조약에 의하여 국내에서 과세되지 아니합니다.

상기 공항세 징수대행수수료의 과세에 있어 다음과 같은 양설이 있어 질의함

(갑설) 공항세 징수대행수수료 국제운수소득의 필수불가결한 부수소득으로 국내에서 과세되지 아니한다. 왜냐하면 공항세 징수대행은 항공사의 선택에 따라 피할 수 있는 것이 아니기 때문에 국제운수소득을 위하여 필수적으로 부수되는 행위이다.

(을설) 공항세 징수대행수수료 국제운수소득과 상관없이 발생하는 소득이므로 국내에서 과세된다.

회신 중국항공사 국내지점이 국제여객공항이용료의 징수업무를 대행하고 인천국제공항공사로부터 지급받는 징수대행수수료는 항공기의 운행과 관련된 추가적이거나 부수적인 활동으로부터 발생되는 소득으로 법인세법 제91조 및 한·중조세협약 제8조에 규정하는 국제운수소득에 해당되어 법인세가 면제되는 것입니다.

(예규 2)

복합운송주선업의 국내원천소득금액 계산방법

(외인 1264.37-150, 1985.01.17)

질의 외국 Forwarder의 국내복합운송운임에 대하여 원천징수 여부

(갑설) 화주로부터 받은 금액 전부를 원천징수

(을설) 화주로부터 받은 금액에서 선박운임을 공제한 차액에 대하여 원천징수

회신 국내의 해상운송주선업체가 사업장이 없는 외국의 국제복합운송주선업체인 홍콩법인과 대리점계약을 체결하고 그 계약에 따라 동 홍콩법인을 대리하여 국내의 화주로부터 운임을 영수하며,

동 홍콩법인에게 송금하는 경우에 동 홍콩의 법인이 국내대리점을 통하여 화주로부터 받는 운임은 법인세법 제55조 제1항 제5호에 규정하는 국내원천사업소득에 해당하는 것으로 동법 제59조 제1항의 규정에 따라 송금자인 국내대리점이 지급시 그 지급액의 2%를 법인세로 원천징수하여 납부하여야 하는 것이며,

이 경우 과세표준이 되는 지급액은 대리점이 화주로부터 받는 운임 전

액을 의미하는 것이므로 대리점이 화주로부터 받는 운임분 일부를 선박
회사의 운임으로 지급하고 그 차액을 송금하는 경우에도 과세표준은 당
초 화주로부터 받은 운임 전액인 것입니다.

7

관련 서식

① 용역거래에 대한 정상가격산출방법신고서
② 국제거래명세서
③ 국외특수관계자의 요약 손익계산서

[별지 제1호의2서식] (2009.03.27 개정)

(앞 쪽)

<table>
<tr><td colspan="2" rowspan="4">신고인</td><td>①법 인 명 (상호)</td><td></td><td>②사업자등록번호</td><td colspan="2"></td></tr>
<tr><td>③대 표 자 (성명)</td><td colspan="4"></td></tr>
<tr><td>④업   종</td><td></td><td>⑤전 화 번 호</td><td colspan="2"></td></tr>
<tr><td>⑥소 재 지 (주소)</td><td colspan="4"></td></tr>
<tr><td colspan="2" rowspan="5">국외
특수
관계자</td><td>⑦법 인 명 (상호)</td><td></td><td>⑧소 재 국 가</td><td colspan="2"></td></tr>
<tr><td>⑨대 표 자 (성명)</td><td></td><td>⑩업   종</td><td colspan="2"></td></tr>
<tr><td rowspan="2">⑪신고인과의 관계</td><td>피지배</td><td>지배</td><td>자매</td><td>실질지배</td><td>본·지점등</td></tr>
<tr><td></td><td></td><td></td><td></td><td></td></tr>
<tr><td>⑫소 재 지 (주소)</td><td colspan="4"></td></tr>
<tr><td colspan="3">⑬용역거래의 종류</td><td></td><td></td><td></td></tr>
<tr><td colspan="3">⑭주된사업 활동</td><td></td><td></td><td></td></tr>
<tr><td colspan="3">⑮정상가격 산출방법</td><td></td><td></td><td></td></tr>
<tr><td colspan="3">⑯위의 방법을 선택한 이유</td><td></td><td></td><td></td></tr>
<tr><td colspan="2" rowspan="2">⑰제공용역</td><td>⑱특정용역</td><td></td><td></td><td></td></tr>
<tr><td>⑲공통용역</td><td></td><td></td><td></td></tr>
<tr><td colspan="2" rowspan="3">⑳용역대가 청구
방식 및 금액</td><td>㉑직접청구</td><td></td><td></td><td></td></tr>
<tr><td>㉒간접청구</td><td></td><td></td><td></td></tr>
<tr><td>㉓ 계</td><td></td><td></td><td></td></tr>
<tr><td colspan="3">㉔간접청구 배부기준</td><td></td><td></td><td></td></tr>
</table>

「국제조세조정에 관한 법률 시행령」 제7조제1항에 따라 위와 같이 용역거래에 대한 정상가격산출방법신고서를 제출합니다.

년   월   일

제출인   (서명 또는 인)

(   )세무서장 귀하

210mm×297mm(신문용지 54g/㎡(재활용품))

[별지 제8호서식] (2009.03.27 개정) (1 쪽)

국제거래명세서

1. 제출인 인적사항

① 상호 또는 법인명		② 사업자등록번호	
③ 소재지(주소)			
④ 대표자		⑤ 업 종 (업종코드) ( )	⑥ 사업연도 (과세기간)

2. 국외특수관계자 기본사항

⑦법인명(상호)		⑧현지기업고유번호	
⑨소재국가		⑩설립일자 년 월 일	⑪현지납세자번호
⑫소재지(주소)			
⑬주업종 (업종코드) ( )	⑭제출인과의 관계	⑮사업연도	

3. 국외특수관계자와의 국제거래 현황 (단위 : 원)

항 목			국외특수관계자와의 거래금액
⑯합 계 (㉓ + ㉚)			
가. 재화거래	매출거래	⑰재고자산(상품·제품)	
		⑱재고자산외의 유형자산	
		⑲무형자산	
	매입거래	⑳재고자산(상품·제품)	
		㉑재고자산외의 유형자산	
		㉒무형자산	
	㉓소 계		
나. 용역거래	매출거래	㉔시행령에 따른 용역거래	
		㉕이자	
		㉖사용료	
	매입거래	㉗시행령에 따른용역거래	
		㉘이자	
		㉙사용료	
	㉚소 계		

[별지 제8호의2서식] (2009.03.27 신설)　　　　　　　　　　　　　　　　　(앞 쪽)

국외특수관계자의 요약 손익계산서

(①단위: 원)

납 세 의 무 자		
② 상호 또는 법인명 :		③사업연도 :　년　월　일부터
④ 사업자등록번호 :	⑤ 대표자 :	년　월　일까지

국 외 특 수 관 계 자			
⑥명　　　　　　　　　칭			
⑦소　　재　　지 (주　　소)			
⑧사　　업　　연　　도	~	~	~
⑨주　　　업　　　종	(　　　　)	(　　　　)	(　　　　)
⑩자본금액　　또는　　출자금액			
⑪특수관계의 구분			
⑫주 식 등 의 소 유 비 율	소　유	계:　%(직접　%)	계:　%(직접　%)	계:　%(직접　%)
	피소유	계:　%(직접　%)	계:　%(직접　%)	계:　%(직접　%)

계 정 과 목	코 드			
Ⅰ. 매 출 액	01			
Ⅱ. 매 출 원 가	02			
Ⅲ. 매 출 총 손 익	03			
Ⅳ. 판 매 비 와 관 리 비	04			
Ⅴ. 영 업 손 익	05			
Ⅵ. 법 인 세 비 용 차감전순손익	06			

210㎜ × 297㎜(신문용지 54g/㎡)

※ 이 표에서 각 국외특수관계자의 Ⅰ~Ⅵ의 사항을 작성하는 데에 기초가 된 공표된 영업보고서 등의 자료를 별지로 첨부하여 주십시오.

제7장

국제물류주선업의 결산

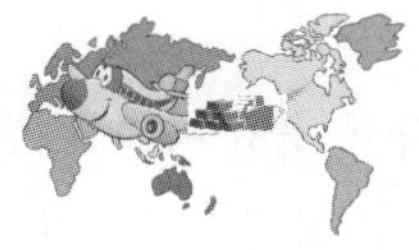

제1절 법인결산 체크포인트

1. 사업연도 월수의 확인하고 중소기업 해당 여부를 파악한다.

2. 부가가치세 과세표준과 손익계산서상의 매출액을 비교한다.

3. 12월 31일 자의 해외파트너 정산을 통해 매출액과 매출원가를 각각 계상한다.

4. 12월 31일 자의 기준환율을 적용하여 해외채권채무를 조정한다.

5. 전년도말 현재 선수금 또는 선급금이 매출 또는 매출원가와 관련있는지 살펴본다.

6. 가지급금 또는 단기채권이 있다면 실제 존재 여부와 금전소비대차 약정서가 있는지를 파악한다.

7. W/F 금액이 자산과 부채로 계상되었다면 차액을 영업외수익으로 계상한다. 매출과 매출원가 또는 영업외손익계상 시는 불필요.

8. 기중 신규취득 유형자산이나 처분유형자산의 감가상각비 조정.

9. 총액법 회계처리 시 12월 현재 미지급된 항공사 또는 선사운임을 매출원가로 계상.

10. 이자비용이 존재한다면 타 법인주식 또는 가지급금이 있는지를 파악한다.

11. 자본금의 변동 또는 주주변동이 있는지를 파악한다.

12. 장기미수금의 경우 대손요건에 해당하는지를 파악하여 대손금계상한

다.

13. 보험료 또는 보증료 등의 기간계산을 통해 비용화 여부를 파악한다.

14. 해외투자법인이 있는 경우 현지법인의 재무제표 및 배당 여부를 파악한다.

15. 보유 중인 금융자산 및 기중 만기 또는 해약한 금융자산의 원천세 여부 파악한다.

16. 유가증권에 대한 평가손익 계상 여부

17. 총액법의 경우 표준원가명세서를 작성한다.

18. 잉여금처분계산서 또는 손익계산서에 전기오류수정 손익계정 여부를 파악한다.

19. 선수금이나 선급금 중 통관자금에 관련된 부분은 별도로 정리한다.

제2절　계정과목별 결산

매　　출

총액법으로 회계처리를 하는 경우 매출액은 부가가치세 과세표준의 합계액과 동일하다.

물론 매출액과 부가세과세표준과는 반드시 일치하지 않는다. 왜냐하면, 고정자산의 매각 등은 과세표준에 포함되나 매출액에서는 제외되며 외국파트너의 대리점 또는 선박대리점으로서 징수대행한 운임 등은 부가가치세과세표준에 포함되지는 않지만, 징수대행에 따른 이익부분은 매출액 또는 영업외수익으로 계상하여야 한다.

매출액에는 운임뿐만 아니라 주선에 따른 기타수수료부분도 매출액에 포함되며 세금계산서를 발행하지 않는 징수대행은 국내 화주로부터 받은 운임은 운임예수금 또는 대리점예수금 등으로 계상하고 송금액과의 차액을 매출액 또는 영업외수익으로 계상한다.

매출액의 구성은 국내에서 수수하는 금액과 해외파트너가 부담하는 운임 등을 수수하는 경우로 구분되는 데 반드시 일치하지는 않지만

Carrier(항공사 또는 선사)와 Forwarder(복합운송주선업자) 간의 운임지급에 따라 매출액과 매출액이 아닌 것의 구분은 다음과 같다.

구분	M P/P H P/P	M C/C H C/C	M P/P H C/C	M C/C H P/P
항공(해상)수출	매출계상	-	매출계상	-
항공(해상)수입	-	-	매출계상 또는 징수대행은 계상 불가	-

위는 파트너정산을 통해 실비정산(P/S)을 받는 경우 매출로 계상하거나 영업외수익으로 계상하여야 한다.

순액법으로 회계처리하는 경우 매출액은 매번 house B/L에 따른 수익을 계상하여 운송주선수수료를 합산하여 매출액을 산정하거나 총액법으로 매출액과 매출원가를 계상한 후 매출총이익을 매출액으로 계상하는 방법이 있다.

이 경우 "조정후수입금액명세서"에 부가가치세 과세표준과 매출액과의 차액을 운임예수금 등으로 표시하여 준다.

결산기 말에 On-Board 되었지만, 세금계산서가 발행되지 않아 부가가치세 과세표준에는 포함되지 않는 금액이 있을 수 있는데 운송이 장기간이라면 기업회계상 복합운송주선업의 수익인식기준은 진행기준에 의해 인식하게 되어 있으므로 항해기간에 따라 매출액으로 미리 인식하고 관련된 운임을 매출원가로 인식하면 된다. 그러나 예전과는 달리 운송기간은 단기간이 보통이므로 선적시점에 매출액으로 계상하고 관련된 운임을 매출원가로 계상한다.

참고 외국 자회사의 외국납부세액

내국법인의 소득금액에 외국 자회사로부터 받은 배당금 등이 있는 경우 당해 배당에 대하여 부과된 외국법인세액에 대응하는 수입배당금에 대한 외국법인세액(세액 공제된 경우에 한한다.)에 상당하는 금액은 법인의 익금으로 본다.

외국 자회사로부터 받은 수입배당금액에 상응하는 외국법인세액도 외국납부세액공제 또는 손금산입 특례의 대상에 포함되며 동시에 법인이 세액공제방식을 택할 경우 이러한 외국법인세액은 의제배당소득으로 하여 법인의 익금에 산입한다.

이러한 의제배당으로 과세할 경우 그 배당시기는 당해 외국 자회사의 배당확정일로 정하고 있다.

2

매출원가

매출원가는 보통 다음으로 구성된다.

① 항공사 또는 선박회사에 지급하는 운임 및 기타수수료

② consolidator에게 지급하는 운임 및 기타수수료

③ 국외선박회사 또는 국외선박회사의 대리점에 지급하는 운임 및 기타수수료

④ 해외파트너 정산을 통해 국외포워더에게 지급하는 운임 및 기타수수료

⑤ door to door svc 에 따른 국내 trucking chg

⑥ 기타 운송주선과 관련되어 다른 포워드 등에게 송금할 운임 등

매출원가는 매출과 관련된 직접비용으로서 결산일 현재 운임 등이 미리 송금된 경우 매출액으로 계상된 부분은 매출원가로 반영시키고 매출액으로 계상되지 않은 부분은 선급금으로 계상하여 차 후년도에 매출원가로 대체시킨다.

그리고 제조업이나 건설업처럼 매출원가에 대한 "운송원가명세서"를 작성한다.

원가명세서는 재료비, 노무비, 경비로 구성되는데 경비 중 운송비만을 원가명세서에 포함시켜 작성한다.

참고 수익과 비용의 대응

포워더의 경우 결산일(cut-off)을 기준으로 재무제표를 작성하다보면 결산일 현재 선적이 되었지만, 화주에게 운임 등을 청구하지 않았거나

(non-billing) 선적은 되지 않았지만, 화주에게 운임을 청구한 경우가 실무상 발생할 수 있다. 이는 수입의 경우도 마찬가지이다.

이 경우 수익을 인식한 기간에 해당 비용을 대응되는 원가로 인식하는 것이 합리적이다.

3

인건비

인건비는 근로의 대가로 지급되는 비용으로서 봉급·급료·보수·임금·상여·수당 또는 퇴직금과 이와 유사한 성질의 급여를 총칭한다.
법인세법상 인건비의 세무처리에 대하여는 그 지급대상인 사용인·임원별로 그리고 인건비종류인 급여 및 임금·상여금 그리고 퇴직금별로 각각 상이하게 법인의 손금산입여부를 규정하고 있다.
임원급여의 경우 지배주주인 임원과 사용인의 경우 지급규정을 초과하는 금액은 손비로 인정되지 않으며 상여금의 경우 임원은 상여금지급규정을 초과하면 손비로 인정하지 않는다.

퇴직금의 경우 사용인은 근로기준법에서 정한 금액 이상이면 모두 손비로 인정되지만, 임원의 경우 정관에 규정되거나 정관에서 위임한 퇴직급지급규정 내의 금액이면 전액 손비로 인정되고 규정이 없는 경우 퇴직일로부터 소급하여 1년간의 총급여액에 1/10에 근속연수를 곱하여 산정한 범위 내의 퇴직금만을 손비로 인정한다.

인건비는 매월 원천징수이행상황신고에 의하여 신고된 금액이므로 재무제표에 계상할 급여, 상여, 퇴직금의 합계액과 원천징수이행상황신고서에 신고한 금액의 합계액과 일치시킨다.

1) 기간경과분 미지급급여의 귀속사업연도 여부

통상은 월급제방식의 급여 등의 지급방법은 지난 1개월 기간에 대하여 당해 기간이 경과한 후 일정시점에서 이를 지급하는 방식을 택하고 있으며 이러한 경우 급여기간계산 중 결산기일이 도래하여 당해 급여계산기간의 초일로부터 결산기일까지의 기간에 대한 급여상당액을 미지급비용으로 계상한 경우 이를 법인의 손금으로 계상할 수 있는지의 문제가 있다.

이에 대한 유권해석은 다음과 같다.

① 취업규칙상 임금지급방법이 전월 16일부터 당월 15일까지 임금을 계산하여 당월 25일에 지급하고 동 금액을 법인설립 이후 계속적으로 손금 계상한 경우 취업규칙상의 임금지급방법이 변경되지 않는 한 당해 법인이 계속 적용한 회계 관행에 의하여 손금계상을 하는 것이며, 사업연도종료 월의 미지급 급료액(16일부터 31일까지의 급료계상액)을 당기 손금으로 추가계상할 수 없음.

② 노사단체협약에 의하여 상여금을 매 분기(지급일 4/30, 6/30, 9/30, 12/30)마다 기본급의 100%를 지급일 현재 종업원에게 지급하는 경우 사업연도 결산일인 3.31 현재 상여금의 지급의무가 확정되었다고 할 수 없음.

③ 월 급여계산 대상기간이 2개 연도에 걸쳐있는 급여를 지급하는 경우 근로제공일이 속하는 각각의 연도에 귀속되는 근로소득으로 보아 연말정산하는 것이며 당해 급여의 손금귀속시기는 당해 법인이 계속적으로 적용하는 회계 관행에 따라 손금으로 계상하는 것임.

이는 임금계산기간의 경과가 아니라 취업규칙 또는 급여지급규정 등에서 정하는 임금지급기일에 세무상 권리의무가 확정된다고 보는 취지로 이해되며 통상 부정기적으로 지급되는 상여금도 같다.

2) 임직원이 회사공금을 횡령한 경우

법인의 임직원이 법인어음을 무단발행하여 착복하거나 법인의 공금을 유용하는 등의 행위로 공금을 횡령하고 법인이 이를 회수할 수 없을 때에는 먼저, 사용인이 법인의 공금을 횡령한 경우로서 동 사용인과 그 보증인에 대하여 횡령액의 회수를 위하여 법에 의한 제반절차를 밟았음에도 무재산 등으로 회수할 수 없는 경우에는 동 횡령액을 대손처리할 수 있다. 이 경우 대손처리한 금액에 대하여는 사용인에 대한 근로소득으로 보지 아니한다.

이때의 사용인은 비출자 임원과 상장법인의 소액주주인 임원을 포함할 것이며 정당한 회수절차를 행하지 아니하고 당해 구상채권을 임의포기한 때에는 법인의 손금에 산입하되 당해 사용인의 근로소득으로 보아 상여로 처분한다.

3

소비성 경비

1) 복리후생비

복리후생비 중 직장체육비, 직장연예비, 우리사주조합운영비, 회사부담 건강보험료 등 부담금,

회사부담고용보험료, 사회통념상 타당한 임직원의 경조사비 등 임직원의 복리후생을 위한 비용 외에는 손비로 인정하지 않는다.

2) 여비 및 교육훈련비

법인이 임원 또는 사용인이 아닌 지배주주 등에게 지급한 여비 또는 교육훈련비는 당해 사업연도의 소득금액계산에서 이를 손금에 산입하지 아니한다. 임원 또는 사용인인 지배주주 등에게 업무와 관련하여 지급하는 여비 또는 교육훈련비는 당연히 법인의 손금에 산입한다.

(1) 해외여비의 손금산입기준

임원 또는 사용인의 해외여행에 관련하여 지급하는 여비는 그 해외여행에 당해 법인의 업무수행상 통상 필요하다고 인정되는 부분의 금액에 한한다. 따라서 법인의 업무수행상 필요하다고 인정되지 아니하는 해외여행의 여비와 법인의 업무수행상 필요하다고 인정되는 금액을 초과하는 부분의 금액은 원칙적으로 당해 임원 또는 사용인에 대한 급여로 한다. 다만, 그 해외여행이 여행기간의 거의 전 기간을 통하여 분명히 법인의 업무수행상 필요하다고 인정되는 것인 경우에는 그 해외여행을 위해 지

급하는 여비는 사회통념상 합리적인 기준에 의하여 계산하고 있는 등 부당하게 다액이 아니라고 인정되는 한 전액을 당해 법인의 손금으로 한다.

(2) 해외여비 등 증빙서류 비치의 범위

해외시찰 훈련비 중 상당 부분은 음식, 숙박, 교통비 등 실비변상적인 금액이고 이에 대한 증빙을 일일이 비치하기가 곤란한 금액이 많음이 통상적이어서 그 증빙 비치의 범위가 실무적으로 문제 된다.

일반적으로 법인의 실무에는 해외출장 전 사내품의서에 의한 승인과정, 사내여비규정 등에 의한 해외출장비 추산액의 가지급 그리고 귀국 후 정산절차를 거치게 된다. 이 일반적으로 이때 해외출장 및 연구비로 지급한 금액에 대하여는 회사업무와 관련이 있는지.를 판단하여 사용처별로 그 증빙을 첨부하여야만 손금용인이 가능하며, 증빙서류의 첨부가 불가능한 경우에는 사회통념상 합리적인 기준에 의거 회사의 규모, 출장목적, 업무수행 여부 및 정도에 따라 사실 판단할 사항이다.

이에 따라 개별적인 증빙 비치가 가능한 금액 외의 금액에 대하여는 합리적인 기준에 따라 설정된 사내여비규정을 별도로 두고 이에 따라 집행함이 입증 면에서 유리하다.

참고 법인이 해외출장비로 지급한 금액에 대하여는 회사업무와 관련이 있는지를 판단하여 사용처별로 증빙을 첨부하여야만 손금용인이 가능하며 증빙서류의 첨부가 불가능한 경우에는 사회통념상 합리적인 기준에 의거 회사의 규모, 출장목적, 업무수행 여부 및 정도에 따라 사실 판단할 사항임

(3) 해외여행이 업무에 관련된 것인지 판정 여부

임원 또는 사용인의 해외여행이 법인의 업무수행상 필요한 것인가는 그 여행의 목적, 여행지, 여행기간 등을 참작하여 판정한다. 다만, 다음 각각의 1에 해당하는 여행은 원칙적으로 법인의 업무수행상 필요한 해외여행으로 보지 아니한다.

1. 관광여행의 허가를 받아 행하는 여행
2. 여행알선업자 등이 행하는 단체여행에 응모하여 행하는 여행
3. 동업자단체, 기타 이에 따르는 단체가 주관하여 행하는 단체여행으로서 주로 관광목적이라고 인정되는 것

기본통칙의 내용은 업무와 관련성이 없을 개연성이 높은 여행의 유형을 예시한 것일 뿐 이러한 유형이라 하더라도 별도로 업무와의 관련성이 입증되는 부분에 한하여는 해외시찰훈련비에 포함할 바이다. 즉, 임원 또는 사용인의 해외여행이 상기 유형에 해당하는 경우에도 그 해외여행기간 중에 있어서의 여행지, 수행한 일의 내용 등으로 보아 법인의 업무와 직접 관련이 있다고 인정될 때에는 법인이 지급하는 그 해외여행에 소요되는 여비 가운데 법인의 업무에 직접 관련이 있는 부분에 직접 소요된 비용(왕복교통비는 제외한다)는 여비로서 손금에 산입한다.

해외여행의 업무관련 여부를 입증할 자료로서는 국제회의개최통지서, 출장일정표 및 계획표, 출장비사용보고서 및 항공료영수증 등을 예시할 수 있다.

또한, 임원 또는 사용인의 해외여행에 있어서 그 해외여행기간에 걸쳐 법인의 업무수행상 필요하다고 인정할 수 없는 여행을 겸한 때에는 그 해외여행에 관련하여 지급하는 여비를 법인의 업무수행상 필요하다고 인정되는 여행의 기간과 인정할 수 없는 기간과의 비에 안분하여 업무수행과 관련없는 여비는 이를 당해 임원 또는 사용인에 대한 급여로 한다. 이

경우 해외여행의 직접 동기가 특정의 거래처와의 상담, 계약의 체결 등 업무수행을 위한 것인때에는 그 해외여행을 기회로 관광을 병행한 경우에도 그 왕복교통비(당해 거래처의 주소지 등 그 업무를 수행하는 장소까지의 것에 한함)는 업무수행에 관련된 것으로 본다.

5

퇴직금

1) 퇴직급여충당금

퇴직급여 충당금이란 임원 또는 사용인이 퇴직할 때 지급하여야 할 퇴직금에 충당하기 위하여 퇴직금상당액을 각 사업연도 비용으로 계상한 경우에 일정 한도 내 금액을 손비로 인정하는 부채성 충당금이다. 이러한 퇴직급여충당금은 퇴직금에 대한 지급능력을 비축하고 퇴직급여 청구권의 간접적 보호 및 수익비용대응원리로 기간손익적정화를 위한 제도이다

퇴직급여충당부채는 회계연도말 현재 전임직원이 일시에 퇴직할 경우 지급하여야 할 퇴직금에 상당하는 금액퇴직급여 추계액으로 한다. 회계연도말 현재 전임직원의 퇴직금소요액과 퇴직급여충당부채의 설정잔액 및 기중의 퇴직금지급액과 임원퇴직금의 처리방법 등을 주석으로 기재한다.

참고 기업회계기준에서는 부채성충당금을 「충당부채」 표시하여, 퇴직

급여충당금을 퇴직급여충당부채로 표현하고 있고, 법인세법은 종전대로 퇴직급여충당금으로 표현하고 있다.

이러한 퇴직급여충당금의 법인세법상 손금산입한도액은 다음의 총급여액기준과 퇴직금추계액기준 중 적은 금액을 손금에 산입한다.

(1) 총급여액기준

총급여액기준 손금산입한도액은 「법인의 임원 또는 사용인(확정기여형으로 퇴직연금으로 설정된 자는 제외)에게 「당해 사업연도」에 지급한 총급여액×5/100」 이다. 이 경우 총급여액*에는 일반적인 급여·상여와 법인의 주주총회 등의 결의에 의하여 지급받는 상여를 포함하되, 임원의 상여금 중 한도초과 등에 의하여 손금불산입되는 분을 제외한다.

주1 2006년2월9일 이후 개시하는 사업연도부터는 1년미만 근속자인 경우에도 퇴직급여지급규정에서 지급대상자로 정한 경우에는 설정대상자에 포함한다.

> 총급여액 기준한도 = (1년간 계속한 임원사용인의 총급여액) × 5%

참고 총급여액의 범위

소득세법 제20조 제1항 제1호 '가' 및 '나' 목의 규정에 의한 금액으로 하되, 법인세법 시행령 제43조의 규정에 의하여 손금에 산입하지 아니하는 금액을 제외한다. (소득세법 제20조 제1항 제1호 '가' 및 '나'목은 다음과 같다.

　가. 근로의 제공으로 인하여 받는 봉급·급료·보수·세비 임금·상여·수당과 이와 유사한 성질의 급여

   나. 법인의 주주총회·사원총회 또는 이에 준하는 의결기관의 결의에
     의하여 상여로 받는 소득

(2) 퇴직금추계액기준

퇴직급여추계액 기준한도는 다음의 산식과 같이 퇴직급여추계액의 35%를 적용한다.

> 추계액기준한도 = 퇴직금추계액 * 35% + 퇴직금전환금 - (전기말퇴직급여
> 충당금잔액 - 전기말현재 퇴직급여충당금부인액 - 당기퇴직금지급액)

위의 산식에서 퇴직금추계액이란 당해 사업연도 종료일 현재 임원 또는 사용인의 전원이 일시에 퇴직할 경우에 정관이나 퇴직급여지급규정에 따라 지급하여야 할 퇴직금 전액을 말한다. 다만, 퇴직급여지급에 관한 규정 등이 없는 법인의 경우에는 근로자퇴직급여보장법이 정하는 바에 따라 계산한 금액을 적용한다.

(3) 퇴직급여충당금 손금산입한도액 축소

① 사업연도가 2006.1.1. ~ 2006.12.31인 경우에는 현행규정[총급여액
   ×10%, 추계액×40%] 적용한다.

② 사업연도가 2006.2.9 이후에 게시하는 경우에는 개정규정[총급여액
   ×5%, 추계액×35%(2년 경과 후 30%)]을 적용한다.

2) 퇴직보험료

법인이 임원 또는 사용인의 퇴직을 보험금 또는 신탁금(보험금 등)의 지급사유로 하고 임원 또는 사용인을 피보험자 또는 수익자로 하는 보험 또는 신탁으로서 퇴직보험증의 보험료 또는 부금(보험료 등)으로서 지출

하는 금액은 당해 사업연도의 소득금액계산에서 이를 손금에 산입한다.

법인이 장차 임원 또는 사용인의 퇴직금에 충당하기 위한 제도로서의 퇴직급여충당금은 법인 사내에 적립하는 유보금액으로써 장부상으로만 충당금이 설정될 뿐이며 이에 상당하는 자산가액이 사내에 별도로 확보되지 아니하는 한 그 실효를 기하기 어려운 점이 있으며 아울러 법인세법상 손금산입범위액도 총추계액의 30%를 한도로 하여 퇴직금추계액의 전액을 손금으로 인정하지 않는 제약이 있다.

이러한 점을 고려하여 법인의 임원 또는 사용인의 퇴직금지급에 충당하기 위하여 법인자산의 일부를 퇴직보험 또는 퇴직일시금신탁의 형태(2000.12.29 개정 전에는 단체퇴직보험·종업원퇴직신탁제도를 포함)로 법인 외부에 적립하는 퇴직보험제도는 그만큼 법인자금부담의 제약이 있기는 하나 임원 또는 사용인의 퇴직금지급을 현실적으로 보장하기 위한 효과적인 제도가 될 수 있으며 아울러 법인세법에서도 법인의 퇴직금총추계액에서 퇴직급여충당금 손금산입액을 차감한 한도내에서 당해 퇴직보험료 등을 법인의 손금에 산입할 수 있도록 하여 퇴직금상당액의 사외적립을 지원하고 있다.

법인이 불입하는 퇴직보험료는 회수 가능한 저축성 보험료에 해당하여 본래 자산의 성격으로서 손금 처리할 대상이 아니나, 임직원의 퇴직금 재원을 실질적으로 보장하기 위하여 금융기관에 퇴직보험료 등을 납입한 경우에도 손금으로 처리할 수 있도록 한 특례규정의 의의를 가진다.

그러나 퇴직연금제도의 도입으로 인하여 퇴직보험료 등에 대한 손금산입규정은 2005.12.1 이전에 가입한 분에 한하여 효력을 가지며, 2010.12.31.까지만 손금산입이 인정된다.

250

3) 퇴직연금

퇴직연금제도는 회사가 근로자의 퇴직급여를 금융기관에 위탁하여 운용한 뒤 근로자가 퇴직할 때, 연금이나 일시금으로 주는 제도이다. 퇴직연금제도는 2005년12월1일부터 근로자 5인 이상의 사업장부터 실시할 수 있고, 2010년부터 모든 사업장에 도입될 예정이다. 따라서 2010년까지는 기존의 퇴직금제도[기업회계기준 제27조(퇴직급여충당금)]와 퇴직연금제도가 병행하여 실시된다.

퇴직연금제도에는 「확정급여형 퇴직연금제도」와 「확정기여형 퇴직연금제도」가 있다.

사용자가 퇴직급여제도의 종류를 선택하거나 선택한 퇴직급여제도를 다른 종류의 퇴직급여제도로 변경하고자 하는 경우에는 당해 사업에 근로자의 과반수로 조직된 노동조합이 있는 경우에는 그 노동조합, 근로자의 과반수로 조직된 노동조합이 없는 경우에는 근로자의 과반수(이하 "근로자대표"라 한다)의 동의를 얻어야 한다(근로자퇴직급여보장법 제4조).

(1) 확정급여형 퇴직연금제도(DB)

확정급여형 퇴직연금제도란 다음과 같다.
① 확정급여형(Defined Benefit)퇴직금연금제도는 근로자가 지급받을 급여의 수준이 사전에 결정되어 있는 퇴직연금을 말한다.
② 기업주가 퇴직급여와 관련된 적립금의 운용을 책임지는 형태이므로, 적립금의 운용실적에 따라 기업주가 부담해야 하는 기여금이 변동하게 된다.
③ 근로자는 퇴직후 일정한 금액을 정기적으로 받을 수 있어서 안정적이

다.

④ 확정급여형 연금제도에서는 기업주가 부담금의 40%까지는 사내에 적립할 수 있는데[동법 시행령 제9조], 기업이 도산하는 경우에는 외부에 적립된 60%만 퇴직연금으로 보장받을 수 있다.

가) 퇴직연금 운용자산 관련 회계처리

확정급여형퇴직연금제도에서 운용되는 자산은 기업이 직접 보유하고 있는 것으로 보아 회계처리한다. 대차대조표에는 운용되는 자산을 하나로 통합하여 "퇴직연금운용자산"으로 표시하고, 그 구성내용을 주석으로 공시한다. 이 경우 주석으로 공시하는 구성내용이라 함은 대차대조표에 하나로 통합하여 표시하지 않고 각각 구분하여 표시할 경우에 계상될 계정과목과 금액을 말한다.

(차) 퇴직연금운용자산 ××   (대) 현금및현금성자산 ××

나) 퇴직급여 관련 부채의 회계처리

확정급여형퇴직연금제도에서 지급하는 퇴직급여와 관련된 부채는 다음의 두 가지 경우로 나누어 각각 회계처리한다.

❶ 종업원이 퇴직하기 전의 경우

대차대조표일 현재 종업원이 퇴직할 경우 지급하여야 할 퇴직일시금에 상당하는 금액을 측정하여 「퇴직급여충당부채」 로 계상한다. 종업원이 아직 퇴직하지는 않았으나 퇴직연금에 대한 수급요건 중 가입기간 요건을 갖춘 경우에도, 대차대조표일 현재 종업원이 퇴직하면서 퇴직일시금의 수령을 선택한다고 가정하고 이때 지급하여야 할 퇴직일시금에 상당하는 금액을 측정하여 퇴직급여충당부채로 계상한다.

(차) 퇴직급여 ××   (대) 퇴직급여충당부채 ××

상기 회계처리 후에 퇴직자가 발생하여 퇴직일시금을 지급하는 경우에는 다음과 같이 회계처리를 한다.

(차) 퇴직급여충당부채   ××   (대) 퇴직연금운용자산 ××
                              (대) 현금및현금성자산 ××
                              (대) 예수금   ××

❷ 종업원이 퇴직하고 퇴직연금 수령을 선택하는 경우

• 퇴직연금미지급금으로 계상한 경우

종업원이 퇴직연금에 대한 수급요건 중 가입기간 요건을 갖추고 퇴사하였으며 퇴직연금의 수령을 선택한 경우, 대차대조표일 이후 퇴직 종업원에게 지급하여야 할 예상퇴직연금합계액의 현재가치를 측정하여 "퇴직연금 미지급금"으로 계상 한다.

(차) 퇴직급여충당 부채 ××   (대) 퇴직연금 미지급금 ××
                                  퇴직급여   ××

예상퇴직연금합계액은 퇴직 후 사망률과 같은 보험수리적 가정을 사용하여 추정하고, 그 현재가치를 계산할 때에는 만기가 비슷한 국공채의 매 대차대조표일 현재 시장이자율에 기초하여 할인한다.

향후 퇴직연금이 지급되는 경우에는 다음과 같은 회계처리가 발생한다.

(차) 퇴직연금미지급금 ××   (대) 퇴직연금운용자산 ××
                                  현금및현금성자산 ××
                                  예수금   ××

• 퇴직연금 미지급금 증감액 처리와 유동성 대체 여부

사망률과 같은 보험수리적 가정이 바뀌거나 할인율이 바뀜에 따라 발생하는 퇴직연금미지급금 증감액과 시간의 경과에 따른 현재가치 증가액은 퇴직급여(비용)로 회계처리한다. 퇴직연금미지급금 중 결산일로부터 1년 이내의 기간에 지급되는 부분이 있더라도 유동성 대체는 하지 아니한다.

확정급여형 퇴직연금제도의 회계처리

구분		회계처리
퇴직연금 외부적립시		차) 퇴직연금운용자산 ×× 　 대) 현금및현금성자산 ××
퇴직급여 충당부채	퇴직 전	차) 퇴직급여 ×× 　 대)퇴직급여충당부채 ××
	퇴직 후	차) 퇴직급여충당부채 ×× 　 대)퇴직연금미지급금 ××

❸ 퇴직급여와 관련된 자산과 부채의 대차대조표 표시

확정급여형퇴직연금제도에서 퇴직급여와 관련된 자산과 부채를 대차대조표에 표시할 때에는 퇴직급여와 관련된 부채(퇴직급여충당금과 퇴직연금미지급금)에서 퇴직급여와 관련된 자산(퇴직연금운용자산)을 차감하는 형식으로 표시한다. 퇴직연금운용자산이 퇴직급여충당금과 퇴직연금미지급금의 합계액을 초과하는 경우에는 그 초과액을 투자자산의 과목으로 표시한다.

부분 대차대조표의 표시

퇴직급여충당부채	××××	
퇴직연금미지급금	××××	
퇴직연금운용자산	(-) ××××	
퇴직보험예치금	(-) ××××	××××

❹ 퇴직금제도와 확정급여형퇴직연금제도가 병존하는 경우

퇴직금제도와 확정급여형퇴직연금제도가 병존하는 경우에는 다음과 같이 회계처리한다.

각 제도의 퇴직급여충당금은 합산(*3)하여 대차대조표에 표시한다. 그러나 퇴직금제도에서 경과적으로 존재하는 퇴직보험예치금은 확정급여형퇴직연금제도의 퇴직연금운용자산과 구분하여 퇴직급여충당금에서 차감하는 형식으로 표시하고 퇴직보험에 대한 주요 계약 내용을 주석으로 공시한다.

주3 2010년까지 기존의 퇴직금제도와 퇴직연금제도를 병행하여 시행하는 경우, 기존의 퇴직금제도에서는 퇴직급여충당부채와 퇴직연금제도하의 퇴직급여충당부채는 합산하여 대차대조표에 표시한다는 것을 의미한다. 만일 어떤 제도에서 초과자산(*4)이 발생하는 경우 다음의 요건 중 하나 이상을 충족한다면 다른 제도의 부채와 상계한다.

주4 "초과자산"이란 퇴직금제도에서는 퇴직보험예치금(국민연금전환금 포함)이 퇴직급여충당금을 초과하는 금액을 말하며, 확정급여형퇴직연금제도에서는 퇴직연금운용자산이 퇴직급여충당금(퇴직연금미지급금 포함)을 초과하는 금액을 말한다.

다) 복수의 퇴직급여제도가 병존하는 경우

(사례) A회사는 노동조합의 동의를 얻어 20X6년 1월 1일부터 확정급여형퇴직연금제도를 설정하기로 하였다. 새 퇴직연금규약에 따르면 가입기간은 퇴직연금제도의 설정 이후(20X6년 1월 1일 이후)의 근무기간으로 하므로 당해 퇴직연금제도를 설정하기 전의 근무기간은 가입기간에서

제외한다. 따라서 과거근무기간(20X5년 12월 31일 이전)에 대해서는 여전히 퇴직금제도가 유효하고, 장래근무기간(20X6년 1월 1일 이후)에 대해서만 확정급여형퇴직연금제도가 설정된다. 20X6년 12월 31일 현재 각 제도의 퇴직급여와 관련된 자산과 부채의 내역은 다음과 같다.

구분	퇴직금제도	확정급여형 퇴직연금제도
대　상　기　간	2005년12월31일 이전에 제공된 근무기관	2006년 1월1일부터 2006년 12월 31일까지
퇴직급여충당금　(①)	1,000,000,000	90,000,000
퇴직연금미지급금(②)	해당사항없음	50,000,000
퇴직연금운용자산(③)	해당사항없음	100,000,000
퇴직보험예치금　(④)	600,000,000	해당사항없음
순부채(①+②-③-④)	400,000,000	40,000,000

❶ 대차대조표의 표시

대차대조표에는 다음과 같이 퇴직금제도 및 확정급여형퇴직연금제도의 자산과 부채를 일괄 표시한다.

부분 대차대조표

고정부채
퇴직급여충당부채　　　1,090,000,000
퇴직연금미지급금　　　　50,000,000
퇴직연금운용자산　(−)　100,000,000
퇴직보험예치금　　(−)　600,000,000　　　　　　　440,000,000

❷ 초과자산이 발생하는 경우의 대차대조표 표시

위 사례에서 만약 퇴직금제도와 관련된 퇴직연금운용자산이 150,000,000원이어서 10,000,000원의 초과자산이 발생하였지만 상기에서 제시하고 있는 상계요건을 충족하지 못한다면 다음과 같이 표시한다.

부분 대차대조표

고정자산			
투자자산			
퇴직연금운용자산			10,000,000 (*4)
정부채			
퇴직급여충당부채		1,090,000,000	
퇴직연금미지급금		50,000,000	
퇴직연금운용자산	(−)	140,000,000 (*4)	
퇴직보험예치금	(−)	600,000,000	400,000,000

주4 확정급여형퇴직연금제도에서 발생하는 초과자산이 퇴직금제도의 부채와 상계될 수 없으므로, 퇴직급여와 관련된 부채에서 차감하는 퇴직연금운용자산은 확정급여형퇴직연금제도의 퇴직급여충당금 및 퇴직연금미지급금의 합계액으로 하고, 그 초과액은 별도의 투자자산으로 표시한다.

(2) 확정기여형 퇴직여금제도(DC)

확정기여형 퇴직연금제도란 다음과 같다.

① 확정기여형(Defined Contribution) 퇴직연금제도는 퇴직급여의 지급을 위하여 사용자가 부담하여야 할 부담금의 수준이 사전에 결정되어 있는 퇴직연금을 말한다.

② 확정기여형 퇴직연금에서는 근로자가 적립금의 운용에 대한 책임을 진다. 근로자는 퇴직연금규약에서 금융기관이 제시하는 운용방법 가

운데서 선택하여 운용하면서 운용결과에 대해서 책임을 진다.

③ 확정기여형 퇴직연금제도에서는 적립금이 사용자와 독립되어 개인명 의로 적립되므로 근로자의 입장에서는 기업이 도산해도 수급권이 100% 보장된다.

④ 기업의 입장에서는 퇴직급여에 대한 부담금이 일정하게 정해져 있으 므로 효율적인 재정관리를 할 수 있고, 적립금 운용실적에 대하여 책 임을 지지 않는다는 장점이 있다.

가) 확정기여형 퇴직연금제도의 회계처리

확정기여형 퇴직연금제도를 설정한 경우에는 당해 회계기간에 대하여 회사가 납부하여야 할 부담금(기여금)을 퇴직급여(비용)로 인식하고, 퇴 직연금운용자산, 퇴직급여충당금 및 퇴직연금미지급금은 인식하지 아니 한다.

(차) 퇴직급여충당부채 ××   (대) 현금및현금성자산 ××

참고 확정기여형 퇴직금연금제도를 채택하여 회계처리를 하는 경우 에, 법인 외부에 퇴직급여재원을 100% 적립하기 위하여 지출하고 비용 으로 계상한 것이므로 전액 손비로 인정한다.

상기 회계처리는 현재의 근속기간 중 발행하는 퇴직급여에 대하여 「확정기여형 퇴직연금」 으로 가입한 경우의 회계처리이다. 그런데 종전 의 근무기간에 대한 것으로 퇴직급여충당부채로 설정되어 있는 부분에 대해서도 소급하여 「확정기여형 퇴직연금」 으로 가입한다면 다음과 같 이 회계처리를 하게 될 것이다.

차) 퇴직급여충당부채 ××   (대) 현금및현금성자산 ××

구분		회계처리 내용
퇴직연금 외부적립 시 회계처리	종전 퇴직급여충당금	차) 퇴직급여충당부채 ×× 　대) 현금및현금성자산 ××
	향후 근무 기간 부분	차) 퇴직급여 ×× 　　　　대) 현금및현금성자산 ××
퇴직급여충당부채 관련 회계처리		근로자가 직접 관리하는 것이므로 확정기여형으로 가입된 부분에 대해서는 회사에서 충당부채로 관리하지 않음

(3) 퇴직연금제도에 대한 법인세법의 입장

퇴직연금부담금을 손금산입 대상에 추가하였다.

가) 확정급여형 퇴직연금(DB)의 경우

퇴직보험료와 동일한 방법으로 손금산입을 허용한다. 따라서 회사가 「확정급여형 퇴직연금」을 불입한 금액이 있는 경우에는 「퇴직보험료로 불입한 금액」과 「확정급여형 퇴직연금」으로 불입한 금액을 합하여 「퇴직보험료 등 조정명세서」로 손금한도 초과여부를 검토하고 세무조정을 하면 될 것이다.

참고　퇴직보험제도는 2005년12월1일 이전에 가입한 자에 대하여 2010년12월31일까지 퇴직보험료의 손금산입을 인정(근로자퇴직급여보장법 제7379호 부칙 2)하고 있으므로, 2005년12월1일 이후 신규로 외부에 보험 등에 가입하여 퇴직급여로서 손비 인정받기 위해서는 퇴직연금에 가입하여야 할 것이다.

나) 확정기여형 퇴직연금(DC)의 경우

회사가 확정기여형으로 외부에 별도로 적립하는 금액은 전액을 손금 산입한다.

> **참고** 퇴직연금으로 전환된다.에 따라 전환전 근무기간에 대해 퇴직연금 분담금을 지급하는 경우 이미 손금산입한 부분(퇴직급여충당금 또는 퇴직보험료)은 손금산입제외함.

6

제세공과금

제세공과금은 국세나 지방세을 포함하는 제세와 국가나 공공단체에 의하여 그 구성원에게 부과되는 공적 부담금을 의미하는 공과금을 합한 개념으로 사용된다. 제세공과금은 그 종류에 따라 조세정책상의 목적 또는 제세공과금자체의 속성에 따라 법인세법상 처리방법은 상이하게 되며 이를 유형이나 근거별로 나누어보면 다음과 같다.

1) 법인세 및 소득할주민세의 경우

이러한 조세는 그 자체가 법인의 소득을 과세대상으로 하여 되는것이고 이를 다시 법인소득금액을 구성하는 손금에 산입한다면 소득금액이 감소하여 법인세가 다시 감소하는 순환과정에 접어들게 되어 법인세법에서는 손금불산입항목으로 규정하고 있음.

2) 가산세 등

일정한 의무불이행에 대하여 부과되는 행정벌적인 성격을 가지며 이를 법인의 손금에 산입한다면 법인세경감액만큼 벌칙의 효과를 감소하는 결과를 가져오므로 손금불산입함.

3) 벌금 과료 과태료 및 가산금 및 체납처분비

일정한 행정벌적인 성격을 가지는 제세공과금으로서 벌칙효과를 유지하기 위하여 법인의 손금불산입항목으로 규정하고 있음.

4) 취득세 및 등록세 등의 경우

취득세 등은 대부분 자산의 취득과 관련하여 발생하는 것으로서 당해 자산의 취득원가를 구성하는 항목이 된다. 따라서 당해 자산의 감가상각 과정을 통하여 점차 비용화되거나 또는 자산의 처분 또는 폐기시점에 이르러 처분손익 등으로 산입된다.

5) 부가가치세 매입세액

부가가치세 매입세액은 부가가치세 매출세액에서 공제되어 부가가치세액의 납부세액을 계산하기 위해 공제되는 전단계매입세액으로서 법인이 최종적으로 담세자의 지위에서 부담하는 것이 아니므로 법인의 손금으로 처리할 사항이 아님.

6) 제세공과금의 환급금

법인이 당초 납부한 제세공과금이 차후에 환급될 경우 그 환급금의 처리는 당해 제세공과금의 성격에 따라 처리할 사항이다. 예를 들어, 법인세 및 소득할 주민세는 당해 본세가 손금불산입항목이므로 이의 환급금은 익금불산입항목이 되며 취득세 및 등록세등 취득자산의 매입부대비용으로 처리할 세목은 당해 취득원가의 수정사항이 되며 기타 납부 당시에 법인의 손금으로 산입된 전화세, 인지세 및 재산세 등은 익금산입하여야 한다.

7

감가상각비

세무상 고정자산의 감가상각비는 이를 장부에 계상하였을 경우에만 손비로 인정받을 수 있으며 이러한 감가상각대상 자산은 건축물, 차량운반구, 공구 기구 비품, 선박 및 항공기, 기계장치, 동식물 등 유형자산과 영업권, 상표권, 특허권, 광업권, 개발비, 사용수익기부자산가액 등의 무형자산으로 구분된다. 종전의 창업비 및 연구비는 당기비용으로 계상한다.

1) 취득가액

감가상각대상자산의 취득가액은 매입가액에서 매입부대비용을 포함한 금액으로 하되 장기연불조건취득의 경우 현재가치할인차금을 계상한 경우 당해 현재가치할인차금은 취득원가에 포함되지 않는다.

2) 내용연수

감가상각자산의 내용연수와 당해 내용연수에 따른 상각율은 구조 또는 자산별·업종별로 법인세법시행규칙(별표5 및 별표6)에 규정된 기준내용연수에 그 기준내용연수의 100분의 25를 가감한 범위안에서 법인이 선택하여 납세지관할세무서장에게 신고한 신고내용연수와 그에 따른 상각률로 한다. 다만, 신고기한 내에 신고하지 아니한 경우에는 기준내용연수와 그에 따른 상각률로 한다.

자산별·업종별로 적용한 신고내용연수 또는 기준내용연수는 그 후의 사업연도에서도 계속하여 그 내용연수를 적용하여야 한다.

건축물 등의 기준내용연수 및 내용연수범위

내용연수및범위 (하한~상한)	구조 또는 자산명
5년 (4년~6년)	차량 및 운반구(운수업, 기계장비 및 소비용품 임대업에 사용되는 차량 및 운반구를 제외한다). 공구, 기구 및 비품 (2000.03.09 개정)
12년 (9년~15년)	선박 및 항공기(어업, 운수업, 기계장비 및 소비용품 임대업에 사용되는 선박 및 항공기를 제외한다) (2000.03.09 개정)
20년 (15년~25년)	연와조, 블록조, 콘크리트조, 토조, 토벽조, 목조, 목골모르타르조, 기타조의 모든 건물(부속설비를 포함한다)과 구축물
40년 (30년~50년)	철골·철근콘크리트조, 철근콘크리트조, 석조, 연와석조, 철골조의 모든 건물(부속설비를 포함한다)과 구축물

업종별 자산의 기준내용연수 및 내용연수범위

내용연수 및 범위 (하한~상한)	업종	구조 또는 자산명
8년 (6년~10년)	제조업	18. 의복 및 모피제품 제조업 23. 코크스, 석유 정제품 및 핵연료 제조업 24. 화합물 및 화학제품 제조업. 다만, 살균 살충제 및 기타 농업용 화학제품 제조업(2421)과 의약품, 의료용 화학물 및 생약제제 제조업(2423)은 구분 1(4년~6년)을 적용한다.
	숙박 및 음식점업 운수, 창고 및 통신업	55. 숙박 및 음식점업 63. 여행알선 및 운수관련 서비스업 64. 통신업

1. 이 내용연수표는 별표 3(무형고정자산) 및 별표 5의 적용을 받는 자산을 제외한 모든 감가상각자산에 대하여 적용한다.

2. 내용연수범위가 서로 다른 2이상의 업종에 공통으로 사용되는 자산이
   있는 경우에는 그 사용기간 또는 사용정도의 비율에 따라 사용비율이
   큰 업종의 기준내용연수 및 내용연수범위를 적용한다.

3) 감가상각방법

법인의 고정자산에 대한 감가상각은 상각방법중 법인이 납세지관할세
무서장에게 신고한 방법으로 하는데 기업회계와 세법상 감가상각방법은
다음과 같다.

기업회계와 세법상 감가상각방법

자산구분	법인세법	기업회계
건축물 등	정액법	정액법, 정률법 중 합리적 선택
건축물외의 유형자산	정액법, 정률법	
무형고정자산	정액법	정액법, 생산량비례법 중 합리적 선택
광업권등	정액법,생산량비례법	

8

리스회계

리스 거래는 크게 금융리스와 운용리스로 구분되며 일반적으로 운용리스란 즉시 해약 조건부 리스로서 재산의 이용에 따른 소유자부담의 비용 및 위험을 회피하면서 필요한 이용을 할 수 있게 한다. 따라서 리스이용자는 유지·수선·보험료·조세공과를 부담하면서 재산을 임대하게 되므로 임대료는 상대적으로 높다.

그러나 금융리스는 일정기간 리스이용자가 임차료를 지급하고 재산의 사용권을 획득하는 리스로서 원칙적으로 리스 기간에는 해약할 수 없다. 금융리스는 당초 다액의 설비투자가 필요없이 설비를 이용하는 기능을 수행한다.

기업회계상 운용리스료는 전액을 비용으로 처리하는 반면 금융리스는 리스이용자의 자산으로 계상한 후 감가상각을 통하여 비용화 한다.

9

외화자산부채의 평가

법인이 보유하는 외화자산·부채는 당초 그 발생 당시의 적절한 환율로 평가한 환산금액과 매 사업연도종료일 현재의 적절한 환율로 평가한 환산금액 간에 환율변동에 상응하는 평가차손익이 발생하게 되며 이는 당해 사업연도의 익금 또는 손금에 산입하게 된다.

외화자산·부채의 평가규정은 기본적으로 환율변동에 상응하는 평가차손익만큼 법인의 순자산증감이 있는 것으로 보아 익금 또는 손금항목에 산입하되 다음의 특징을 가진다.

첫째, 평가차손익의 계산대상이 되는 외화자산·부채를 화폐성 외화자산 및 부채에만 한정하고 있고,

둘째, 평가에 적용할 환율을 모든 법인 간에 획일적으로 규정하고 다음으로 일단 계상된 평가차손익의 귀속사업연도를 법인임의에 따라 이연 계상하지 못하게 하는 점 등이 그러하다.

외화자산부채평가 시 기업회계와 법인세법의 비교

구분	법인세법	기업회계
평가대상	화폐성외화자산 및 부채	화폐성외화자산 및 부채
적용환율	외국환관리법에 의한 기준환율 또는 재정환율	대차대조표일 현재의 적절한 환율
평가손익의 회계처리	당해 사업연도의 손익처리	당해 회계연도의 손익처리

화폐성 외화자산 및 화폐성 외화부채는 현금 및 현금등가물·매출채

권·매입채무 등과 같이 화폐 가치의 변동과 상관없이 자산·부채의 금액이 계약 기타에 의하여 일정액의 화폐액으로 고정되어 있는 경우의 당해 자산 및 부채로 한다. 다만, 유가증권과 같이 화폐성·비화폐성의 양면적인 성격을 동시에 가지는 자산·부채는 당해 자산·부채의 보유 상의 목적 또는 성질에 따라 구분한다.

기업회계에서는 비화폐성 외화자산 및 부채는 원칙적으로 당해 자산을 취득하거나 당해 부채를 부담한 당시의 적절한 환율을 적용하여 환산하며 사업연도종료일 현재의 환율로 이를 재차 평가하지는 아니한다.

10

외국지점의 외화표시 재무제표의 환산

1) 법인세법의 입장

외국에 지점 등을 설치하는 내국법인이 당해 지점 등의 외화표시 재무제표를 원화로 환산하는 방법은 국세청장이 정하는 바에 의하도록 하여 세법령에 분명한 규정을 두고 있지 아니하며, 다만 행정해석을 다음과 같이 제시하고 있다.

국외지점 등의 외화표시 재무제표의 원화환산기준 등

국외지점 등의 외화표시 재무제표를 본점의 재무제표와 합산하는 경우에는 다음에 게기하는 방법 중 하나를 선택하여 원화로 환산하여야 한다. 이 경우 한 번 선택한 방법은 그 후 사업연도에 있어서 계속 이를 적용하여야 한다. (통칙 42-76…4, 2001.11.1)

---

(1) 제1법 : 화폐성·비화폐성 구분

외화표시 재무제표를 다음에 게기하는 기준일(기준일이 속하는 달의 말일을 포함한다.) 현재의 외국환거래법에 의한 기준환율 또는 재정환율 (이하 "기준환율 또는 재정환율"이라 한다)을 적용하여 환산하는 방법

가) 대차대조표 항목

① 화폐성 자산·부채는 당해 사업연도종료일
② 기타의 항목은 취득일 또는 발생일

나) 손익계산서 항목

① 현금수수거래는 거래의 발생일

② "가)①계정"과 손익계정이 대체되는 경우에는 대체거래 발생일

③ "가)②계정"과 손익계정이 대체되는 경우에는 당초 취득일 또는 발생일

(2) 제2법 : B/S : 종료일 현재 기준환율, I/S : 평균기준환율

외화표시 재무제표 중 대차대조표 항목은 사업연도종료일 현재의 기준환율 또는 재정환율로 하고, 손익계산서 항목은 당해 사업연도의 평균기준환율 또는 재정환율에 의하여 환산하는 방법

(3) 제3법 : 모든 항목 : 종료일 현재 기준환율

외화표시 재무제표의 모든 항목을 당해 사업연도종료일 현재의 기준환율 또는 재정환율에 의하여 환산하는 방법

(4) 평가차액의 처리

① 익금 및 손금 인식

제1법의 규정에 의하여 외화표시재무제표를 원화로 환산함으로써 발생하는 환산차손익은 각 사업연도의 소득금액계산상 익금 또는 손금에 산입한다.

② 익금·손금 미인식

제2법 및 제3법의 규정에 의하여 외화표시 재무제표를 원화로 환산함으로써 발생하는 환산차손익(본지점계정환산차액, 제2법 경우 손익계산서상 순이익과 대차대조표상 순이익의 차액 등)은 각 사업연도의 소득금액계산상 이를 익금 또는 손금에 산입하지 아니한다.

제2법 및 제3법의 방법을 선택함으로써 자산의 취득일 또는 거래의 발

생일의 환율에 의하여 환산한 금액과 차액이 있는 경우에도 그 차액은 세무조정으로써 이를 익금 또는 손금에 산입하지 아니한다.

③ 익금·손금 미인식 환산차손익의 처리

익금·손금으로 인식하지 아니한 환산차손익은 국외지점별로 구분하여 그 후의 사업연도에서 발생하는 국외지점별 환산차손익과 우선적으로 상계하며 잔액은 국외지점 등을 폐쇄하는 때에 익금 또는 손금에 산입하여야 한다.

④ 다른 방법을 사용하거나 임의 변경한 경우

상기 제1법 ~ 제3법의 규정에 의한 각각의 방법을 적용하지 아니하거나 선택한 방법을 임의로 변경한 경우에는 제3법의 방법에 의하여 환산한 금액을 원화 환산기준금액으로 한다. 다만, 당해 국외지점 등의 결산재무제표상의 당기순이익이 제3법의 방법에 의하여 환산한 당기순이익보다 큰 때에는 그러하지 아니한다.

⑤ 환산차액의 결산반영

상기 제1법~제3법의 규정에 의한 환산차액은 이를 결산에 반영하여야 한다.

⑥ 평균 기준환율 또는 재정환율의 적용

제2법의 규정에서 평균 기준환율 또는 재정환율이라 함은 매일의 기준환율 또는 재정환율의 합계액을 당해 연도의 일수로 나눈 금액으로 한다.

⑦ 국외지점 등의 화폐성 외화자산·부채에 대한 평가(통칙 42 – 76…5)

통칙(42-76…4)의 규정을 적용하는 경우로서 「국외지점 등의 화폐성 외화자산·부채」에 대하여는 법인세법 시행령 제76조의 규정(외화자산 및 부채의 평가)을 적용하지 아니한다.

2) 기업회계기준의 내용

(1) 일반적인 경우 : 화폐성·비화폐성법 적용

해외지점, 해외사업소 또는 해외소재 지분법적용대상회사의 외화표시 자산·부채를 원화로 환산하는 경우에는 원칙적으로 일반적인 화폐성 외화자산·부채의 평가방법[화폐성·비화폐성법의 규정을 준용한다.

(2) 독립적인 해외지점 등의 경우 : 현행환율법 적용

영업·재무활동이 본점과 독립적으로 운영되는 해외지점, 해외사업소 또는 해외소재 지분법적용대상회사의 경우에는 당해 자산·부채는 대차대조표일 현재의 환율을, 자본은 발생 당시의 환율을 적용하며, 손익항목은 거래발생 당시의 환율이나 당해 회계연도의 평균환율을 적용하여 일괄환산할 수 있다.

이 경우에 발생하는 환산손익은 이를 상계하여 그 차액을 해외사업환산차 또는 해외사업환산대의 과목으로 하여 자본조정으로 처리하며, 해외사업환산차 또는 해외사업환산대는 차기 이후에 발생하는 해외사업환산대 또는 해외사업환산차와 상계하여 표시하고 관련지점, 사업소 또는 지분법적용대상회사가 청산, 폐쇄 또는 매각되는 회계연도의 특별손익으로 처리한다

11

기타 경비

1) 손해배상금

손해배상이란 불법행위에 기한 배상책임을 말하는 것이고 손실보상이란 적법행위에 의한 보상책임을 말하는 것이나 법인의 귀책사유에 따른 지급액은 모두 법인의 손비항목이 된다.

예를 들어, 법인의 임원 또는 사용인의 행위 등으로 타인에게 손해를 끼침으로써 법인이 손해배상금을 지출한 경우에는 그 손해배상의 대상이 된 행위 등이 법인의 업무수행과 관련된 것이고 또한 고의나 중과실로 말미암은 것이 아닌 경우에는 그 지출한 손해배상금은 각 사업연도의 소득금액계산상 손금에 산입한다.

법인의 임원 또는 사용인의 행위 등으로 타인에게 손해를 끼침으로써 법인이 손해 배상금을 지급한 경우에는 그 손해배상의 대상이 된 행위 등이 법인의 업무수행과 관련된 것이고 또한 고의나 중과실이 아닌 경우에는 그 지출한 손해배상금은 각 사업연도의 소득금액계산상 손금에 산입한다

2) 보험료

(1) 종업원을 수익자로 하는 보험료불입액

종업원을 수익자로 하는 보험료(선원보험료, 단체정기재해보험료, 상해보험료, 신원보증보험료 등)는 퇴직보험료 등과 국민건강보험법 및 고

용보험법의 규정에 의하여 사용자로서 법인이 부담하는 보험료를 제외하고 이를 종업원에 대한 급여로 본다.

(2) 사용인의 법인부담 보험료

법인이 사용인을 피보험자 및 만기수익자로 하는 직장인보장보험의 보험료 일부를 부담하는 경우 이는 사용인에 대한 급여로 보아 손금에 산입한다.

(3) 종업원을 수익자로 하는 보험료

종업원을 수익자로 하는 보험료는 단체퇴직보험료와 의료보험법 및 고용보험법의 규정에 의하여 사용자로서 법인이 부담하는 보험료를 제외하고는 이를 종업원에 대한 급여로 보는 것으로 이 경우 임원을 수익자로 하는 보험료를 법인이 부담하는 경우는 정관·주주총회 또는 사원총회나 이사회의 결의에 의하여 결정된 급여지급기준에 의하여 지급하는 범위에서 각 사업연도 소득금액계산상 손금에 산입하는 것임.

(4) 보험기간만료 후에 만기반환금을 지급받는 적립보험료불입액

보험기간만료 후에 만기반환금을 지급하겠다는 뜻의 약정이 있는 손해보험에 대한 보험료를 지급한 경우에는 그 지급한 보험료액 가운데 적립보험료에 상당하는 부분의 금액은 자산으로 하고 기타 부분의 금액은 이를 기간의 경과에 따라 손금에 산입한다.

적립보험료에 상당하는 부분의 금액은 보험사고의 발생에 의하여 보험금의 지급을 받은 경우에도 그 지급에 의하여 당해 손해보험계약이 실효되지 아니하는 경우에는 이를 손금에 산입할 수 없다.

예를 들어 법인이 직원들을 위하여 산업재해보상보험법에 따라 가입하여야 하는 산재보험과는 별도로 보험회사에 다음과 같은 '재해 및 사망보장보험'을 단체로 가입하였을 경우 그 회계처리에 대하여는

- 계약자 및 수익자 : 법인
- 피보험자 : 직원
- 계약기간 : 10년
- 만기환급액 : 무사고시 총불입액의 75%

법인이 종업원의 업무상 재해 및 사망을 보험금지급사유로 하고 당해 법인을 수익자로 하여 만기시에 일정액을 환급받는 보험에 가입하고 보험료를 불입하는 경우에 만기환급금에 대한 보험료상당액은 자산으로 계상하고 기타의 부분은 손비로 처리하여야 한다.

3) 차입금 이자

차입금이자는 법인의 손금에 산입한다. 차입금이자 또는 지급이자는 타인자본사용에 대한 대가로서 지급하는 반대급부로서 장단기차입금원본에 가산하여 지급하는 이자비용 외에 어음할인 및 할인채발행 등에서 발행하는 할인료를 포함한다.

지급이자는 발생금액의 크기에 불구하고 원칙적으로 전액 법인의 손비항목이나 그 발생성격이나 법인의 불건전한 자산운용을 규제하고자 하는 법인세법상의 조세정책 등으로 말미암아 특별히 정하는 경우에는 이를 자산의 취득원가로 계상하거나 또는 손금불산입항목이 된다.

이를 사례별로 구분하면 다음과 같다.

사례별 구분

구분	대상
자산의 취득원가에 산입하여 당해자산의 감가상각비 또는 양도원가로서 점차 법인의 손금에 산입할 경우	• 법인이 기업회계에 따라 자산의 취득원가로 계상한 현재가치할인차금이나 연불매입자산에 대한 이자상당액 또는 유산스이자 등 • 재고자산 또는 고정자산의 건설 등에 소요되는 차입금에 대한 건설자금이자
법인세법에서 특별히 정하고 있는 손금불산입 항목인 경우	법인세법 제28조의 채권자불분명사채이자 등이나 업무무관자산관련 지급이자부인액 등

첫째, 자산의 취득원가에 산입하여 당해 자산의 감가상각비 또는 양도원가로서 점차 법인의 손금에 산입될 지급이자로서 법인이 기업회계에 따라 자산의 취득원가로 계상한 현재가치할인차금이나 연불매입자산에 대한 이자상당액 또는 유산스이자 등이 해당한다.

둘째, 고정자산취득에 관련하여 발생한 건설자금이자로서 감가상각비 또는 양도원가로서 손금에 산입되는 점은 상기와 동일하다. 기업회계에서는 고정자산 외에 제조 또는 건설에 장기간이 소요되는 재고자산에 대하여도 건설자금이자의 계상을 인정하고 있다.

셋째, 법인세법에서 특별히 정하고 있는 손금불산입항목으로서 법인세법 제28조의 채권자불분명사채이자 등이나 업무무관자산관련 지급이자부인액 등이 이에 해당하며 이러한 비용은 손금부인·기타사외유출 등으로 처분함에 따라 영구히 법인의 손금에 산입하지 아니하게 된다.

12

이연법인세 회계

1) 기업회계상의 이연법인세

법인세비용은 기업회계의 관점에서 계산한 당해연도의 법인세를 말하는데, 아주 단순한 상황이라면 손익계산서의 법인세비용차감전순이익에 법인세율을 곱하여 계산된 금액을 말한다.

기업회계기준은 제52조(법인세비용) 제①항에서 '법인세비용은 법인세법 등의 법령에 의하여 당해 사업연도에 부담할 법인세 및 법인세에 부가되는 세액의 합계에 당기 이연법인세 변동액을 가감하여 산출된 금액을 말한다'라고 규정하고 있으며 제②항에서는 '법인세비용과 법인세법 등의 법령에 의하여 당기에 부담하여야 할 금액과의 차이는 이연법인세차 또는 이연법인세대의 과목으로 하고 차기 이후에 발생하는 이연법인세대 또는 이연법인세차와 상계한다'라고 규정하고 있다.

기업회계와 세무회계는 서로 규정하는 목적과 관점이 다르기 때문에 수익과 비용을 인식하는 기준이 다르고 귀속시기가 차이가 날수 있다. 이러한 차이는 두 가지로 분류되는데 일시적 차이와 영구적 차이이다.

(1) 일시적 차이

일시적 차이란 기업회계와 세무회계에서 발생하는 수익(또는 비용)의 연도별 인식액의 차이가 추후의 기간에 반전되어서 장기적으로는 동일한 금액을 인식하게 되는 성격의 차이를 말한다.

예를 들어 기업회계에서 특정연도에 인식한 감가상각비가 세무회계에서 당해 연도분으로 허용하는 한도를 초과하는 경우 일단 세무회계에서는 초과분에 해당하는 감가상각비를 손금불산입하고 나서 다음연도 이후에 기업회계에서 인식한 감가상각비가 세무회계상의 감가상각비에 미달할 경우 과거에 손금불산입하였던 금액을 추가로 손금산입하여 준다. 이처럼 연도별로는 비용(손금)과 수익(익금)의 크기가 차이를 보이지만 장기적으로는 동일한 총액을 계상하게 되는 차이를 일시적차이라고 말한다.

특정연도의 법인세비용은 세무회계에서 계산된 법인세액에다 앞서 설명한 일시적 차이가 가져오는 법인세이연효과를 반영한 금액으로 계산된다. 이러한 내용을 기준 제52조에서 규정하고 있는 것이다.

예를 들어 결산결과 법인세법상의 당기법인세는 100,000원이 당사에 부과되었는데, 회사가 계상한 당기의 감가상각비는 200,000원이고 세법에서는 120,000원만을 당기의 손금으로 인정하였다고 하자. 그리고 세율은 30%라고 하자.

회사가 계산한 세비용 전 순이익보다 과세표준이 80,000원 높아졌기 때문에 회사에게 부과된 당기 법인세액은 차이가 없을 경우보다 24,000원이 높게 부과된 것이다.

한편, 회사로서는 당해연도에는 감가상각비를 적게 인정받았으나 내년도 이후에는 80,000원 만큼 추가로 인정받을 것이기 때문에 내년도 이후에 기업회계에서 계산되는 법인세비용보다 적은 세금(24,000원)을 부담할 수 있게 된다. 이러한 미래세금 차감효과를 하나의 자산으로 인식하게 되는데 이것을 기준에서는 이연법인세차라는 고정자산계정으로 인식하도록 하고 있다.

즉 회사는 결산일에 다음과 같은 분개를 한다.

(차) 법인세비용　76,000　　(대) 미지급법인세 100,000
이연법인세차　24,000

그 후 다음 해에는 회사가 계상한 감가상각비보다 24,000원 만큼 많은 감가상각비를 세무회계에서 손금으로 인정해 주었다고 하자. 이 경우 회사가 결산일에 행할 분개는 다음과 같다.

(차) 법인세비용 A원 - 24,000　　(대) 미지급법인세　　　A원
이연법인세차　24,000

(2) 영구적 차이

영구적 차이는 일단 기업회계와 세무회계의 관점차이 등으로 인하여 발생한 차이가 영구적으로 반전되지 아니하는 차이를 말한다. 예를 들어 회사가 부담한 벌과금 등은 기업회계상으로는 비용으로 계상되지만, 세무회계에서는 손금으로 인정하지 않는다. 왜냐하면, 손금으로 인정하면 벌과금의 효과가 감소하기 때문이다. 이 밖에도 조세정책상의 이유에서 접대비 등 특정비용의 세법상 인정하는 한도금액을 규정하는 경우가 많이 있다.

이러한 영구적 차이는 법인세 이연 효과를 발생시키지 않는다. 따라서 기업회계에서도 이러한 영구적 차이에 대하여서는 이연법인세를 인식하지 않는다.

2) 세무상 이연법인세

이연법인세차(법인세비용 < 법인세부담액)가 있는 경우 다음과 같이 세무조정한다.

　　차)　법인세비용　　10,000　　　대)　선급법인세　　　3,000
　　　　이연법인세차　　5,000　　　　　미지급법인세　12,000

*손금산입 5,000 (△유보)　　손금불산입 15,000 (기타사외유출)

이연법인세대(법인세비용>법인세부담액)가 있는 경우 다음과 같이 세무조정한다.

　　차)　법인세비용　20,000　　　　　선급법인세　　　3,000
　　　　　　　　　　　　　　　　　　미지급법인세　12,000
　　　　　　　　　　　　　　　　　　이연법인세대　　5,000

*손금불산입　20,000 (기타사외유출)　　손금불산입　5,000 (유보)

참고 예규

1. 관련 예규

2. 관련 예규

3. 관련 예규

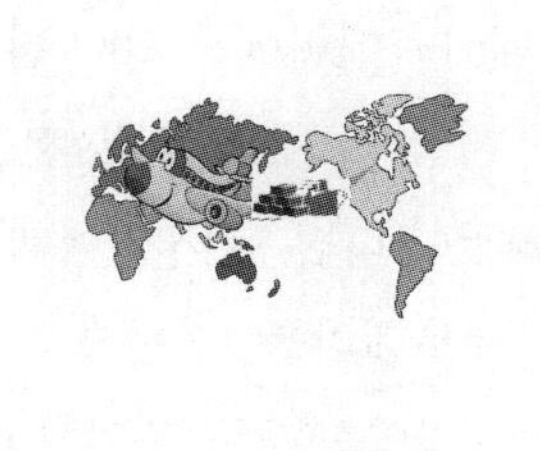

저자 소개

♣ 이 영 원

세무사(제34회)로 1998년부터 세무사무소를 개업하여 운영하고 있다. '서울특별시 중소기업지원센터 세무상담역'을 역임하였으며, 현재 '마포세무서 이의신청심사위원, 마포구청 과세전적부심사위원, 서울지방세무사회 교육연수위원, 한국재정경제연구소 세무회계 전문위원'으로 있다.

한국재정경제연구소 코페아카데미에서 2000년부터 2010년 현재까지 380여 국제물류주선업체를 대상으로 강의 및 컨설팅하였으며, 현재 포워딩업체와 항공사, GSA, 해운대리점, 선사, 택배운송서비스업 등 국제물류분야 세무·회계자문과 세무대리를 전문으로 하는 세무사이영원사무소 대표로 있다. 수원대학교 경영학과를 졸업하고 동 대학원에서 수학하였다.

KOFE
HOUSE

국제복합운송주선업 세무와 회계

발행일 2010년 8월 20일 1판 1쇄

저자 이영원

발행인 강석원
발행처 한국재정경제연구소 (코페하우스)
출판등록 등록번호 제2-584호, 등록일자 1988.6.1

주소 서울특별시 강남구 대치동 889-5
전화 (02) 562-4355
팩스 (02) 552-2210
메일 book@kofe.kr
웹사이트 www.kofe.kr

ISBN 978-89-95835-15-1   (13320)
값 20,000원